臺灣歷史與文化 研究輯刊

十四編

第 2 冊

交通、人流、物流——
日月潭水力發電工程對於水里地區的影響（1919～1945）

劉芷瑋 著

花木蘭文化事業有限公司

國家圖書館出版品預行編目資料

交通、人流、物流──日月潭水力發電工程對於水里地區的影
響（1919～1945）／劉芷瑋 著 — 初版 — 新北市：花木蘭文
化事業有限公司，2018〔民107〕
目 4+134 面；19×26 公分
（臺灣歷史與文化研究輯刊十四編；第2冊）
ISBN 978-986-485-585-8（精裝）
1. 人文地理 2. 水力發電 3. 南投縣水里鄉
733.08   107012678

ISBN- 978-986-485-585-8

9 789864 855858

臺灣歷史與文化研究輯刊
十四編 第 二 冊   ISBN：978-986-485-585-8

交通、人流、物流──
日月潭水力發電工程對於水里地區的影響（1919～1945）

作　　者	劉芷瑋
總 編 輯	杜潔祥
副總編輯	楊嘉樂
編　　輯	許郁翎、王筑　美術編輯　陳逸婷
出　　版	花木蘭文化事業有限公司
發 行 人	高小娟
聯絡地址	235 新北市中和區中安街七二號十三樓
	電話：02-2923-1455／傳真：02-2923-1452
網　　址	http://www.huamulan.tw 信箱 hml810518@gmail.com
印　　刷	普羅文化出版廣告事業
初　　版	2018 年 9 月
全書字數	90728 字
定　　價	十四編 16 冊（精裝）台幣 38,000 元

交通、人流、物流──
日月潭水力發電工程對於水里地區的影響（1919～1945）

劉芷瑋　著

作者簡介

劉芷瑋，1988 年生，水里人，畢業於國立臺灣師範大學臺灣史研究所。對於人文歷史有濃厚的興趣，喜歡老建築、老照片與老人聊天。小時候常住在明潭巷的老家，從老家遠遠就能看到對面山大觀發電廠的五根壓力鋼管，僅知道水里小小的地方有好幾個水庫，對於自己生活的家鄉的歷史卻是不是那麼的了解；經由自己的碩士論文研究，藉由史料的爬梳與實地的田野調查、口述訪談，重新探索認識自己的家鄉——水里。

提　要

　　日月潭水力發電工程從 1919 年開始建設，期間經歷停工又復工，前後共花費 15 年之久，終於在 1934 年竣工。完工後為亞洲最大水力發電設，對於臺灣電力發展具有重大意義，對工程所在地「水里地區」更有多方面的影響。本文分三個主要議題：交通、人流、物流，加以探討。

　　在交通方面：1919 年工程初期，為了更有效運輸建材與物資，臺灣電力株式會社建立多樣的運輸系統：包含二水到外車埕的鐵道（今集集線鐵道）；連接水社到司馬按、東埔（今埔里鎮水頭里）地區的電氣軌道；因應地勢高低若差的外車埕到水社與東埔至武界的兩條索道，另外也利用臺灣製糖株式會社的輕便軌道運送物資到魚池，再改由電氣軌道轉運；人員則以步行方式從東埔抵達到武界工區。之後使水里地區進入現代化的交通模式，帶動人口與物產的運輸。

　　在「人流」方面：工程帶來的人流有兩類，水庫移民與勞工的進入。1934 年工程竣工後日月潭水位開始上升，影響生活在日月潭周邊的邵族人與漢人，臺灣總督府將邵族人安置於卜吉（今伊達邵），並禁止與漢人混居；另又將漢人遷移到田中、拔社埔（今水里鄉民和村）、埔里等地。日月潭水力發電工程龐大，需要許多人力來完成，承包商招攬眾多勞工，卻也延伸出生活環境與待遇不佳的問題。另外臺灣電力株式會社也為員工建立宿舍區形成社宅聚落，並將宗教信仰帶入其中。

　　大量人口進入工區，帶動地方的商業發展，在交通不便的沿山地區，商業模式主要以旅館業與運送業為主，使小運送業蓬勃發展。而水里地區的物產：樟腦、香蕉、木材、糖，主要藉由當年因日月潭發電工程所建立的集集線鐵道，向外運送出去，帶動了「物流」。另外登新高山者與前往日月潭觀光客，都必須乘坐集集線鐵道抵達水裡坑，再轉搭其他交通工具前往目的地；使水裡坑成為重要的轉運站。

　　日月潭水力發電工程對於水里地區的影響，除了日月潭水位上升造成的「水庫移民」，主要為 1919 年所建設的交通——集集線鐵道，帶動「人流」、「物流」與商業發展；日月潭第一與第二發電所設置在水裡坑，再加上其地理位置為重要轉運點，使水裡坑 1942 年被納入都市計畫範圍，戰後發展興盛，並從集集行政區獨立出來成立水里鄉，這可說是日月潭水力發電工程對水里的直接與間接影響。

　　關鍵字：日月潭、水力發電工程、水里、水庫移民、勞工、集集線鐵道、物流、邵族

謝　誌

　　原本寫論文的初衷是為了更認識自己家鄉－水里的歷史，讓自己有更多的了解。感謝研究路上給予我支持與指導的人，謝謝皇志的牽線，讓我結識了臺電退休的林炳炎前輩，謝謝前輩多次帶領我到武界、埔里、魚池、水里進行考察，替我解說電力史與技術史的相關問題，並無私提供手邊的史料與相關資訊；介紹臺電退休的劉健壽課長與黃隆盛經理，讓我進行口述訪談，引介我認識大觀發電廠、鉅工發電廠、萬大發電廠等內部人員，感謝謝鵬洲廠長、陳崇祐課長、康宏呈課長。謝謝「出草考察團」裡的成員，感謝洪致文教授、林芬郁學姊、謝明達老師、楊燁老師、皇志、林立正前輩等對我的鼓勵，跟著大家多次實地考察，使我對空間的概念有更深了解。謝謝皇志，與我一同參加這麼精實的考察團隊，並時常與我討論論文，傳授我 ai 繪圖的技巧，並提供他去日本拍回來的史料，真的十分感謝。

　　謝謝我的指導教授張素玢老師在論文上的指導，感謝老師就算忙碌得分身乏術，還是仔細幫我修改論文，並給予我更清楚的方向。謝謝林蘭芳老師與林聖欽老師的建議，讓我正視自己的盲點加以修正。謝謝簡史朗老師對我的問題給予回應；謝謝儒柏學長耐心幫我看文章並提供我意見，分享他所找到資料；謝謝騏嘉學姊幫我特製的論文格式一欄表在排版上幫助我，並分享寫論文的自身經驗；謝謝「彰投雲生命共同體」泊諭與毓哲在寫論文期間互相打氣與團咪時的建議；謝謝品君協助英文摘要與平常的加油打氣、謝謝曉梅分享寫論文的注意事項。

　　最後謝謝我的家人對我的支持，謝謝我的祖父不厭其煩與我談起過往的那段歷史，也因此拉近我們的距離，從小我們不常談天與到現在拿著許多問

題纏著您發問。謝謝我的父親開車帶著我去進行口述訪談。

在寫論文期間我常想起前輩對我說過的話，當你有意念要完成一件事的時候，很多幫助或是史料就會跑出來。有次騎著機車到拔社埔想要隨機找人訪問，剛好就在廟埕遇到最老的耆老，就算是不認識的人也都很熱情提供我訊息，讓我感受的溫暖與友善，人與人的距離就這麼拉近了。真心感謝這一路上所有對我指導與幫助的人。

從小對歷史就很大的興趣，在臺史所的這三年學習，有些顛覆我過往的歷史知識，讓我更想去探究其中的真理，原來很多人、事、物都是有它存在的歷史意義，就像是我從小只知道水里有好幾個發電廠，但在自己研究後才發現原來有這麼多的故事在其中，而我也更了解自己生長的土地，建立了自己的價值觀認知。

2017.炎夏　劉芷瑋

目

次

謝　誌

緒　論 ………………………………………………… 1

第一章　水里地區的自然與人文環境 ……………… 13

　　第一節　自然環境 ……………………………… 13

　　第二節　人文環境 ……………………………… 16

　　第三節　清領時期的交通——水沙連古道 ……… 18

第二章　日月潭水力發電工程的交通建設 ………… 21

　　第一節　日月潭水力發電工程 ………………… 21

　　第二節　水力發電工程帶動的交通建設 ……… 26

第三章　水力發電工程的人流 ……………………… 47

　　第一節　水力發電工程的「水庫移民」 ……… 47

　　第二節　發電工程的「勞工」 ………………… 56

　　第三節　發電工程的臺電員工與宿舍區 ……… 68

第四章　水力發電工程帶動的商機 ………………… 77

　　第一節　商業發展與地方建設 ………………… 77

　　第二節　集集線鐵道帶動的「物流」 ………… 85

　　第三節　日月潭觀光與登新高山轉運點的形成 … 100

結　論 ……………………………………………… 111

附　錄 ……………………………………………… 115

參考書目 …………………………………………… 125

圖表目錄

表 1-1　清末南投地區所屬行政區……………17

表 1-2　日治時期南投部分地區行政單位………17

表 2-1　工程用材料之輸送預定數量表…………27

表 2-2　專用軌道輸送貨物數量……………31

表 2-3　電氣軌道輸送貨物數量……………33

表 2-4　電氣軌道運轉實績……………34

表 2-5　索道設備概要表……………38

表 2-6　外車埕到水社間索道輸送貨物噸數＆
　　　　運轉實績表……………38

表 3-1　日月潭水力發電工程各工區承包者工
　　　　事及使用人次數表……………57

表 4-1　集集線鐵道運送店概況……………81

表 4-2　集集線鐵道各站樟腦、腦油輸出量
　　　　（1927 年～1937 年）……………88

表 4-3　檢查所至集集線鐵道站……………91

表 4-4　集集線鐵道各站香蕉輸出量（1927 年
　　　　～1941 年）……………93

表 4-5　水里地區輕便軌道（臺車）路線………94

表 4-6　集集線鐵道各站糖輸出量（1927 年～
　　　　1941 年）……………96

表 4-7　集集線鐵道各站木材輸出量（1927 年
　　　　～1941 年）……………98

表 4-8　新高郡蕃地出入者登山人數…………104

附錄 3-1　1905～1943 年集集庄與大字社子總
　　　　人口數　……………115

附錄 3-2　社子之內地人、朝鮮人、中國人數統
　　　　計表 1918～1939 年……………117

附錄 4-1　祝日月潭電力起工紀念聯合廣告
　　　　──店家一覽表……………118

附錄 4-2　集集線鐵道載客運量表（1927 年～
　　　　1941 年）……………124

圖一　　　研究範圍與水力發電設施位置 …………… 3

圖 1-1　　水里地區水系圖 ………………………… 14

圖 1-2　　南投縣行政區域圖與水力發電設施位
　　　　　置 ………………………………………… 15

圖 1-3　　水沙連古道主要路段示意圖 …………… 20

圖 2-1　　集集線鐵道古今站名對照圖 …………… 29

圖 2-2　　日月潭水力電氣工事交通圖 …………… 30

圖 2-3　　大觀古隧道 ……………………………… 31

圖 2-4　　今大觀古隧道位置圖 …………………… 32

圖 2-5　　電氣軌道之東埔站停車場 ……………… 33

圖 2-6　　日月潭霧社交通略圖 …………………… 35

圖 2-7　　外車埕索道始點 ………………………… 36

圖 2-8　　東埔——武界索道高度示意圖 ………… 37

圖 2-9　　索道吊桶上之鹿島組員工 ……………… 39

圖 2-10　武界取入口堰堤工事 …………………… 40

圖 2-11　水頭到武界里程數為 2 里 10 町（約
　　　　　8,944 公尺）…………………………… 41

圖 2-12　乘轎者為鹿島組重役——永淵清介 …… 42

圖 2-13　1924 年東埔到武界地形圖 …………… 43

圖 2-14　戰後東埔到武界路段 …………………… 43

圖 3-1　　日月潭發電工程完工前，賴姓家族於
　　　　　珠仔山上的合影。 ……………………… 53

圖 3-2　　日月潭地區水位上升後淹沒地區疊圖 … 54

圖 3-3　　萬豐鐵管吊橋 1 ………………………… 55

圖 3-4　　萬豐鐵管吊橋 2 ………………………… 56

圖 3-5　　日月潭水力發電工程殉難碑 …………… 61

圖 3-6　　1905 年～1943 年集集庄社子（水裡坑）
　　　　　人口成長圖 ……………………………… 65

圖 3-7　　集集庄社子（水裡坑）之內地人、朝
　　　　　鮮人、中國人數折線圖 ………………… 66

圖 3-8　　集集庄社子本島人口數折線圖 ………… 67

圖 3-9　　發電所臨時宿舍配置圖 ………………… 69

圖 3-10　日月潭第一發電所建物配置圖 ………… 71

圖 3-11　日月潭第二發電所宿舍配置圖 ………… 71

圖 3-12 大觀發電廠（2017）與日月潭第一發
電所構內社——日月社 …………… 72

圖 3-13 日月潭第二發電所之構內社與今空照
疊圖 ……………………………… 73

圖 3-14 日月潭第二發電所之構內社遺跡 ……… 73

圖 3-15 鹿島神社舉行慰靈祭式 ……………… 74

圖 3-16 武界壩頂上方旁之土地公廟——安寧宮 ‥ 75

圖 4-1 祝日月潭電力工事起工紀念聯合廣告
正面（1931）……………………… 78

圖 4-2 祝日月潭電力工事起工紀念聯合廣告
背面（1931）……………………… 79

圖 4-3 集集線鐵道樟腦輸出量（1927 年～
1937 年）………………………… 89

圖 4-4 1934～1936、1940 年官設支局與出張
所腦灶數與腦丁人數 …………… 89

圖 4-5 臺中州香蕉檢查所配置略圖 …………… 92

圖 4-6 1912 年水里地區交通鐵道圖 ………… 95

圖 4-7 1927 年水里地區交通鐵道圖 ………… 95

圖 4-8 水裡坑－沙里仙輕便軌道線 ………… 97

圖 4-9 集集線鐵道各站木材輸出量（1927 年～
1939 年）………………………… 98

圖 4-10 別格二景、臺灣八景、臺灣十二勝 … 100

圖 4-11 水裡坑之新高山登山口 …………… 102

圖 4-12 1930 年水里地區交通鐵道圖 ………… 102

圖 4-13 集集線鐵道各站乘車人數（1927 年～
1939 年）………………………… 107

圖 4-14 集集線鐵道各站下車人數（1927 年～
1939 年）………………………… 107

圖 4-15 美軍對日月潭第二發電所轟炸（1945
年 3 月 23 日）…………………… 109

圖 4-16 美軍對日月潭第一發電所轟炸（1945
年 3 月 23 日）…………………… 109

緒　論

一、研究動機與目的

　　追溯臺灣電力事業的開端，可從清代的劉銘傳在臺灣首推現代化建設談起，1888 年劉銘傳在臺北城內架設了街燈，最後礙於經費，這些工事只是曇花一現。到了日治時期的 1905 年，一位日本商人土倉龍次郎獲得臺灣總督府的核准，設立臺北電燈株式會社，在新店溪的上游建設龜山水力發電所，這是臺灣第一次使用水力發電，最後因為財務危機，由臺灣總督府接收。之後臺灣北中南陸續出現幾個水力發電所，但這些發電量都不及需求；直到 1919 年半官營半民營的「臺灣電力株式會社」成立，同年開始著手當時亞洲第一大水力發電工程－「日月潭水力電氣工事」，但期間經歷景氣蕭條與關東大地震一波三折後，直到 1934 年日月潭第一發電所才竣工，臺灣電力事業才大躍昇。而日月潭水力發電工程為臺灣帶來改變，供應西部電力，使臺灣從「農業化」轉向「工業化」。

　　回顧前人的相關研究，多著重在臺灣電力史的發展，探討清末、日治到戰後電力對臺灣的影響與轉變。筆者因地緣關係，小時候常住在水里鄉明潭巷山區的老家，從老家附近遠遠就能看到對面遠山的日月潭第一發電所（今大觀發電廠）五支壓力鋼管。僅知道水里小小的地方卻有好幾個水庫，未曾深入了解，住在水里對於自己的家鄉卻有一種陌生感，藉由研究日月潭水力發電工程對水里地區影響的過程，讓自己更深入了解生長的地方。

　　筆者在資料爬梳過程中，了解臺灣電力發展與臺灣總督府政策、臺灣經濟、產業的轉變，因前人的研究多著重於電力發展與臺灣整體發展，故本論文另針對水里地區做進一步討論。日月潭水力發電工程為 1934 年亞洲第一大

水力發電建設、世界第七大發電所，這樣龐大的工程，不僅僅影響臺灣整體發展，更直接性的影響工程所在區域，筆者研究的重心，在於水力發電工程和水里地區發展有何重要關連性？冀能從交通、人流、物流三個面向去分析日月潭水力發電工程對於水里地區的影響；以及水力發電工程所發展出的交通建設如何影響當地？工程造成的水庫移民與勞工的進入，為當地帶來怎麼樣的問題？工程如何帶來的地方景氣？沿山地區的物產如何運送順暢？

（一）探究日月潭水力發電工程的「交通建設」

日月潭水力發電工程範圍廣大，位處山區交通不便，建設工程必須要有機械與建材、物資的進入，所以工程前期交通的建設就非常重要。到底日月潭發電工程構築了哪些交通設備？又如何將大量物資運往工區？而該地區原本又有哪些運輸交通方式？工程結束後哪些建設有其延續性影響？

（二）探究因日月潭水力發電工程帶來的「人流」

本章討論的人流分為兩大類型，第一類水庫移民；是因為興建水力發電工程造成日月潭水位上升，影響到原居住在周邊的邵族人與漢人必須搬遷的流動；第二是勞工；龐大的工程需要大量的勞力來完成，這些勞工又為地區帶來什麼樣的影響？而臺灣電力株式會社的員工，來到交通不便的山區，這些員工的生活空間又是如何？

（三）探究日月潭水力發電工程帶來的「商機」

日月潭水力發電工程經歷停工又復工，在工程期間 1931 年到 1934 年大量的人口進駐，商業也跟著發達，為地方帶來怎麼樣的影響？另外緊扣第二章的交通的主題，探討集集線鐵道，擔負水里地區哪些物產的主要運輸功能，帶來什麼樣的物流？水里地區因特殊的地理位置，又肩負哪些交通機能？

二、研究範圍

本研究對象為日月潭水力發電工程對於水里地區造成的影響，日月潭水力發電工程，位在臺灣島的中心，現今南投縣行政區域內。南投縣為臺灣島上唯一不靠海的縣市，境內多山脈，也是濁水溪的發源地區。臺灣位於季風氣候帶，在這樣多雨暖濕的環境下，中部山脈蘊含豐富的水資源，日月潭水力發電工程利用山勢高低落差推動水力進行發電。境內的天然湖泊日月潭成為現成的儲水庫，是日月潭水力發電工程選擇此地區之優越條件。

　　日月潭水力發電工程範圍涵蓋武界取水口、武界至日月潭引水隧道、日月潭及日月潭第一發電所（今大觀發電廠），區域範圍涵蓋今行政單位仁愛鄉、埔里鎮、魚池鄉、水里鄉。本研究範圍擴及工程範圍影響區域，並非縮限在水里鄉行政區，而以「水里地區」做為的標題範圍，是因日月潭第一發電所與日月潭第二發電所（今鉅工發電廠）都均位於水里鄉區域內。

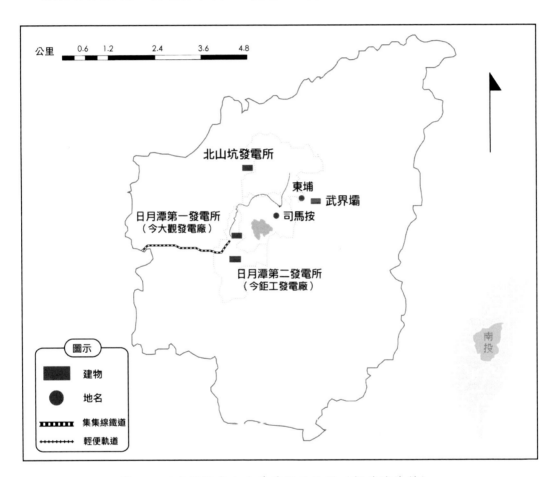

圖一　研究範圍與水力發電設施位置（劉芷瑋繪製）

資料來源：筆者繪製。

說明：圖中輕便軌道（臺車道）於戰後拆除，與今 131 縣道路線略有重疊。

三、研究回顧

（一）電力相關之研究

　　林蘭芳於 2011 年出版《工業化的推手：日治時期臺灣的電力事業》〔註1〕爲其博士論文，〔註2〕以日治時期臺灣的電力事業發展來探討電力與工業化的關係，作者認爲電力是支撐工業的一個重要環節，以經營的性質區分爲官、民營，並分別從東部及西部兩個不同區域來比較其區域差異的特質。值得注意的是作者對於民營電力事業有全面性的討論，特別是東部的電力事業發展，這是前人研究比較少涉及的；工業發展與電力能源使用程度的變化，證明了日治後期臺灣工業化的過程中，電力與工業的進展是密不可分的。該書針對日月潭水力發電工程計畫有詳細的描述，工程中的醫療與工人問題，用地補償問題有所著墨，使筆者在第三章「人的流動」部分可參考並建立相關背景的概念。

　　吳政憲在 1998 年與 2003 年陸續發表碩、博士論文，碩士論文〈日治時期臺灣的電燈（1895～1945）〉，〔註3〕討論的中心論點集中在電力與國家、民生之間的關聯性，作者在一手史料的運用十分豐富，包含了《臺灣總督府公文類纂》、《臺灣史料稿本》、《臺灣總督府民政事務成績提要》、《臺灣電氣協會會報》、《臺灣日日新報》、《臺灣新民報》、《臺灣新報》，也搜羅了許多日治時期的電燈推行廣告與宣傳單等圖像史料。在 2003 年的博士論文〈新能源時代：近代臺灣電力發展〉，〔註4〕持續對日治時期電力與國家之間的關係做更深入的探討，作者將切入點放在臺灣電力株式會社，以臺電爲核心來觀察的整個臺灣電力事業的走向。此外作者以日月潭發電所的興建計畫爲事例，從整個日月潭計畫的萌芽、中挫到再興，分析臺灣電力株式會社在這整件工程中扮演的角色，作者特別著重於臺電的經營策略、日月潭計畫以及市場數據的分析。

〔註 1〕林蘭芳，《工業化的推手：日治時期臺灣的電力事業》（臺北：國立政治大學歷史學系，2011）。

〔註 2〕林蘭芳，〈工業化的推手—日治時期臺灣的電力事業〉（臺北：國立政治大學歷史系博士論文，2003）。

〔註 3〕吳政憲，〈日治時期臺灣的電燈（1895～1945）〉（臺北：國立臺灣師範大學歷史系博士論文，1998）。

〔註 4〕吳政憲，〈新能源時代：近代臺灣電力發展〉（臺北：國立臺灣師範大學歷史系博士論文，2003）。

　　不同於前兩位學者的專業領域，王麗夙於2004年所發表的碩士論文〈日治時期臺灣電力之研究〉，[註5]以建築學的背景，分析全臺發電所，發電區與宿舍區的空間配置與建築結構。作者利用許多臺灣電力公司內部的日治時期資料廠區配置圖，但因著重重點不相同，歷史背景的闡述稍嫌不足。但此文有日月潭第一與第二發電所的廠區配置圖，也有第一和第二發電所的構內神社建築結構圖，進一步證實構內神社確實存在，提供筆者論述的基礎。

　　葉純惠以日文寫成的〈領臺期間日月潭水力發電建設工程——以鹿島組爲中心〉，[註6]以日月潭水力發電工程承包商之一的鹿島組作爲研究對象，鹿島組爲當時承包金額最多的廠商，而處理的工區除了第三工區在過坑外，最爲困難的第一工區武界即爲鹿島組負責的工程。葉氏在文中提到，鹿島組在施工期間如何克服環境上的難題與工程現場的相關設備設施，除了討論施工的困境，也提到人員的生活概況，改善安全衛生、注重飲食、人員的娛樂活動等等，使筆者更了解勞工問題。

　　林炳炎的《臺灣經驗的開端—臺灣電力株式會社發展史》，[註7]作者爲臺電土木工程師，書中引用的不少資料由作者親赴海外收集，是國內所未見的珍貴史料，史料收集豐富多元。相關史料多達197筆，包含臺電株式會社資料，臺灣總督府資料，臺灣電氣協會會報，臺灣實業界月刊，臺灣電力公司月刊，臺灣時報（月報），臺灣民報，臺灣新民報，東臺灣新報，臺灣日日新報，臺灣電力株式會社營業報告書，臺灣電力社友會報等等。該書不只詳細介紹臺灣電力株式會社的發展史，也提供相當的數據和寫眞照片。林氏以自身的土木與工程專業，對過去民營、公營的電力硬體設備做介紹，展現出與文史出身者不同的注重點；本書爲筆者論文提供了全面性的線索方向，對於史料集部分有很高的參考價值，可視爲工具書使用。

　　鄧相揚爲埔里人，近年來在日月潭地區田野調查，進行邵族、泰雅族、平埔族等相關研究，也出版不少相關的書籍。其著作《臺灣的心臟》，[註8]是一本日月潭水力電氣事業發展脈絡的入門書籍，文字搭配老照片、明信片、

[註5] 王麗夙，〈日治時期臺灣電力之研究〉（桃園：中原大學建築學系碩士論文，2004）。
[註6] 葉純惠，〈領臺期間日月潭水力發電建設工程—以鹿島組爲中心〉（臺北：淡江大學日本研究所碩士在職專班，2006）。
[註7] 林炳炎，《臺灣經驗的開端—臺灣電力株式會社發展史》（臺北：林炳炎，1997）。
[註8] 鄧相揚，《臺灣的心臟》（魚池鄉：日月潭風景管理處，2002）。

現今照片，使用大量的圖片容易閱讀，雖然不夠深入仍可提供筆者研究，提供線索或是研究方向。

1952 年，由臺灣銀行經濟研究室所編印的《臺灣之電力問題》，﹝註 9﹞集結日治時期的臺籍電力會社之員工與戰後初期派來接收的臺電官員所撰寫的文章。其中，黃輝於 1945 年奉命來臺協助接收電力事業，是第二任臺灣電力公司總經理，他所撰寫的〈臺灣之電業〉分為三大主軸：初期臺灣的電業、日治時代臺灣電力的開拓、戰後臺灣電業的復興。因身份關係針對戰後接收部分有較多的著墨。柯文德、盧承宗的〈日本時代臺灣之電業〉，介紹從官營到民營企業形態，再到臺灣電力株式會社的成立，日月潭發電工程資金的問題、工程的計畫，電價政策，臺灣與日本的電價比較等等，內含大量的圖表和數據。本書以非常多的專業數據做呈現，對於研究綜觀臺灣的電力史應該有極大的幫助，但對於區域史的研究提供資訊不多。

以上研究多以電力發展與臺灣整體發展為探討，筆者將藉由前人的成果建立知識，再延伸日月潭水力發電工程對於水里地區實質的影響。

（二）日月潭相關之研究

林俐均的碩士論文〈日本統治時期日月潭的開發〉﹝註 10﹞以日文書寫，主要探討日治時期臺灣總督府在日月潭的殖民政策所帶來的影響。因建立日月潭水力發電工程而犧牲了早就居住在日月潭邊的邵族族人，使他們被迫遷移。林氏討論邵族於清代接受漢民族的移入，接著日治時期殖民政策、水力發電工程的興建對他們產生的影響，也敘述日月潭的觀光事業如何地發展，以及其背後的真正意義。林俐均論文，與林雅楓的〈日月潭地區歷史變遷與觀光發展之研究〉﹝註 11﹞可互相對應。兩篇皆討論日月潭地區邵族的相關問題，並論及旅行觀光；林俐均在觀光部分以當時日人的遊記為主，而林雅楓則加入《臺灣日日新報》和官方鐵道部的相關資料。另一篇也是以旅行為主軸，是陳秀靜所撰寫〈清領與日治時期日月潭古典散文研究——從發現到旅

﹝註 9﹞臺灣銀行經濟研究室編印，《臺灣之電力問題》（臺北：臺灣銀行經濟研究室，1952）。

﹝註 10﹞林俐均，〈日本統治時期日月潭的開發〉（臺北：中國文化大學日本研究所碩士論文，2007）。

﹝註 11﹞林雅楓，〈日月潭地區歷史變遷與觀光發展之研究〉（彰化：國立彰化師範大學歷史學研究所碩士論文，2010）。

行〉，〔註12〕論文架構以清到日治的時間軸排序，清代利用方志與個人遊記，日治方面利用《臺灣日日新報》和個人遊記為主要參考資料，與林雅楓的論文略有所同，只是陳氏以文學角度為出發點，林氏著重於歷史脈絡層面。以上三篇為筆者在第三章「人流」部分提供不一樣的想法。

鄧相揚與許木柱共同編纂的《臺灣原住民史邵族史篇》，〔註13〕透過史料與古契約文書，和長年在日月潭地區田野訪查，詳述了邵族的歷史與文化。自嘉慶年間漢人大量移墾進入水沙連地區後，邵族人因土地流失與瘟疫使人口銳減，在1934年因日月潭水力發電工程完成，日月潭開始蓄水使湖面上升，讓原本邵族人的生活空間逐漸淹沒到水平面下，日本人將邵族人移居到卜吉社（今的德化社），在邵族人原本的祖靈聖地拉魯島（珠仔嶼、珠仔山、玉島、光華島）建蓋玉島神社。此書讓筆者對於日月潭地區和邵族的認識有更清晰的輪廓。

（三）中部區域之研究

邱正略的〈日治時期埔里的殖民統治與地方發展〉〔註14〕博士論文，同樣為區域史的研究，雖研究範圍為埔里地區。但因日月潭水力發電工事，影響區域也遍及到埔里地區，所以此篇在第二章第三節影響埔里重大事件，也將日月潭水力發電工程列為重要建設之一；而第三章第三節產業發展與交通建設，在交通建設方面，提及外車埕到埔里端的輕便鐵道由埔里製糖株式會社所建蓋，此線路在1916年又再度延伸到二水，可以說是二水到外車埕線最早的前身。

藍文瑩〈集集與水里市街中地地位的消長──從位置與產業變遷的解釋〉，〔註15〕該篇的論述雖是以地理學角度為出發，分析清代與日治前期集集街的發展高於水裡坑地區，但因日月潭水力發電工程工程的建立，鋪設了集集線鐵道，使交通樞紐地位已被水里取代，作者從位置與產業活動來探討集集與水里的發展變遷。利用中地地位來研究兩地的消長形況，以史料與地圖

〔註12〕陳秀靜，〈清領與日治時期日月潭古典散文研究─從發現到旅行〉（臺中：國立中興大學臺灣文學與跨國文化研究所碩士在職專班碩士論文，2012）。

〔註13〕鄧相揚、許木柱，《臺灣原住民史邵族史篇》（南投市：省文獻會，2000）。

〔註14〕邱正略，〈日治時期埔里的殖民統治與地方發展〉（南投：國立暨南國際大學歷史學系博士論文，2009）。

〔註15〕藍文瑩，〈日治時期埔里的殖民統治與地方發展〉（高雄：高雄師範大學地理學系碩士論文，2015）。

對比，再加上口述訪談，分析集集與水里市街中地地位消長因素，並試論兩地之位置變遷與產業變遷。

張婉菁（2003）〈水裡坑林業地景與生活空間之社會建構（1760～1986）〉〔註16〕利用文獻、老照片的收集與地方耆老訪談方式，進行水裡坑的地景研究，討論日常居民的生活空間、身體經驗與集體記憶。雖論文題目時間範圍界定於1760年到1986年，但主要討論戰後臺灣林業政策開放對於水裡坑產業發展與影響。作者訪問將近30位的水里地區耆老，部分口述歷史將可作為筆者與歷史文獻史料相互對比與印證。

陳哲三〈「水沙連」及其相關問題之研究〉〔註17〕中，探討清代「水沙連」字義的釐清，利用奏議、詩文、康熙到光緒年間的地方志、契約、碑文、輿圖等不同史料作研究。與張永楨〈「水沙連」釋義新探——以古文書和文獻互相印證〉，〔註18〕都在探討如何界定「水沙連」的範圍。而張氏利用古文書和文獻交叉印證，指出「水沙連」一詞由於時空背景的變遷，意義上有其轉變大致上可分為：水沙連原住民、地理上的水沙連地區以及行政上的水沙連堡，並對「水沙連」的字義更進一步解釋。張氏指出地理上的水沙連範圍有廣狹之別，最狹義的範圍是指今日日月潭；最廣義範圍則是彰化縣以東山區，包括大安溪、大甲溪、濁水溪中、上游之原住民居住區。

簡史朗鑽研邵族語言學，將日月潭地區到埔里之開發做有系統之研究。簡氏的〈水沙連族群開發〉，〔註19〕利用文獻去分析什麼是「水沙連」，進一步分析水沙連的族群分佈與水沙連六社之變遷。簡氏與翁佳音的〈水沙連的早期史論：從荷蘭文獻中的水沙連談起〉〔註20〕都曾利用《熱蘭遮城日記》對於水沙連之對應字「Serrien」或「Serriam」做討論。

〔註16〕張婉菁，〈水裡坑林業地景與生活空間之社會建構（1760～1986）〉（嘉義：南華大學環境與藝術研究所，2003）。

〔註17〕陳哲三，〈「水沙連」及其相關問題之研究〉，《臺灣文獻》49：2（1998年6月），頁35～69。

〔註18〕張永楨，〈「水沙連」釋義新探－以古文書和文獻互相印證〉，《臺灣古文書與歷史研究學術研討會論文集》（臺中：逢甲大學歷史與文物管理研究所，2007），頁1～21。

〔註19〕簡史朗，〈水沙連族群開發〉，發表於吳三連臺灣史料基金會主辦、臺灣歷史學會協辦「第六屆新臺灣史研習營－相逢水沙連：族群關係與歷史研討會」（南投：南投縣埔里鎮鯉魚潭謝緯紀念青年園地，2006年2月4日）。

〔註20〕翁佳音，〈水沙連的早期史論：從荷蘭文獻中的水沙連談起〉，《臺灣風物》63：1（2013年3月），頁29～59。

（四）交通相關之研究

蔡龍保的〈日治中期臺灣國有鐵路之研究（1910～1936）〉〔註21〕碩士論
文，於 2012 年出版《推動時代的巨輪：日治中期的臺灣國有鐵路（1910～
1936）》。〔註22〕該書主要透過政策面剖析國有鐵路路線之擴張、內部管理組
織與人員變遷，再討論長期客貨營運與財政發展之概況。利用官方檔案《臺
灣總督府公文類纂》、《臺灣史料稿本》、《臺灣總督府鐵道部年報》，以及《臺
灣鐵道》、《交通時代》、《運輸通報》、《臺灣時報》、《臺灣日日新報》等報章
雜誌資料，分析整理、歸納史料文獻，並運用量化方式，客觀呈現日治中期
臺灣國有鐵路發展概況。

謝國興的〈日治時期臺灣的路上交通運輸〉，〔註23〕該文研究以鐵路為重
心，討論較少人談論的私設鐵道、輕便軌道、公路運輸等。其中舉出多個民
營交通運輸業者個案，包含：基隆顏家旗下的基隆輕鐵株式會社、海山輕鐵
株式會社、臺北鐵道株式會社、臺中輕鐵株式會社、臺灣軌道株式會社、帝
國製糖株式會社、興南乘合自動車株式會社，略述其組成過程與營運情況。
該文使筆者對於輕便軌道的研究有更清楚的認識。

（五）宿舍區空間相關研究

在〈日治時期臺灣製鹽工場社區制度的建立──以布袋鹽場為例〉探討
鹽場宿舍區，把宿舍區定義為工場社區。文中提到工場社區是由專賣局出資
興建。社區內包含各類工廠和其內部所有的機械廠房、辦公空間、福利設施
（康樂設施、教養設施、職訓設施等）、宿舍區、公共浴室、神社、員工子女
的托兒所、餐廳、集會堂、醫療設施等空間所形構的社區。甚至有些工廠規
模較大，為便利日籍人士子女就學在工場社區內還設有小學校。員工數量大，
宿舍空間與區域也較大，而形成小型社區。〔註24〕〈日治時期臺灣新式製糖
工廠空間研究〉則以糖廠為例，日本人將新式的糖廠工業引入，也從日本內

〔註21〕 蔡龍保，〈日治中期臺灣國有鐵路之研究（1910～1936）〉（臺北：國立臺灣師
　　　　 範大學歷史學系研究所碩士論文，2001）。
〔註22〕 蔡龍保，《推動時代的巨輪：日治中期的臺灣國有鐵路（1910～1936）》（臺北：
　　　　 臺灣書房，2012）。
〔註23〕 謝國興，〈日治時期臺灣的路上交通運輸〉，《臺灣殖民地史學術研討會論文集》
　　　　 （臺北：海峽學術，2004），頁 19～52。
〔註24〕 梁佳美、賴光邦，〈日治時期臺灣製鹽工場社區制度的建立──以布袋鹽場為
　　　　 例〉，《設計學報》9：3（2004），頁 19～24。

地引入大批技術人員，爲了提供這批日本技術人員和臺籍員工的生活與住宿，提供了住宅：日人住宅、本島人住宅；民生設施：販賣部、理髮店；醫院；文教設施：學校、神社；娛樂設施：俱樂部、公園、運動設施、集會所；公共浴場等，形成一個獨立而完善生活圈。〔註25〕

四、研究史料與方法

（一）官方檔案資料

包括總督府公文類纂、《臺中州管內概況及事務概要》、《新高郡管內概況》、《鐵道部年報》、府報、總督府的人口統計資料等。

（二）臺灣電力株式會社出版資料

包括《臺灣電力株式會社沿革史》、《日月潭水力電氣工事誌》、《營業報告書》、《臺灣電力株式會社社報》、《社業概況》、《臺灣電力社友會報》、臺電公司月刊或紀念月刊等。

（三）圖像資料

《臺灣電力日月潭工事紀念寫眞帖》、臺電公司內部典藏之圖像、古地圖等。

（四）報紙資料

包括《臺灣日日新報》、《臺灣民報》、《臺灣新民報》、《臺灣時報》等。

（五）口述歷史

包括筆者親自訪談的口述歷史，與二手的口述資料。

（六）水里鄉日治時期戶籍資料

筆者查閱今水里鄉日治時期戶籍資料，釐清日月潭水社人口遷移拔社埔的狀況，與日本時代水里地區的住民的職業別的種類，發現大多爲寄留人口。

（七）繪製主題地圖

利用日治時期的堡圖與地形圖、鐵道路線圖，繪製不同主題地圖。

以收集文獻史料爲主，田野調查爲輔。從文獻資料中歸納分析日月潭水

〔註25〕陳佩琪，〈日治時期臺灣新式製糖工廠空間之研究〉（臺南：國立成功大學建築研究所碩士論文，2000），頁61～62。

力電氣工事對於水里地區發展的影響，老照片、古地圖及第一、第二發電所平面配置圖爲收集對象，藉此建構空間概念與實體印象。當史料蒐集到一定程度後，先將資料做進一步分析，再依據所得結果進行實地田野調查，彌補文獻史料不足部分，釐清史料解讀上的問題。雖然臺灣電力株式會社有詳細的內部工程資料，但片面的史料無法呈現客觀的史觀。只能再利用老一輩人的口述回憶，報紙相關報導與老照片的搜集，藉由口述訪談與文獻資料相互論證，使當時歷史情況更能完整呈現才有機會還原歷史的片段。而交通建設區域範圍甚廣，種類多樣，繪製主題地圖的方式，更能清楚呈現所及影響區域範圍。

　　本論文除了緒論與結論之外，以三大主題方式呈現。第二章主題爲「交通運輸系統」探討日月潭水力發電工程對於水里地區的影響，包含工程運送建材所建立的交通系統，分別論述集集線鐵道與水力發電工程專用交通路線。第三章以「人流」爲主題，在日月潭水力發電工程完成後，日月潭開始蓄水，原本居住在日月潭周圍的邵族與漢人又該何去何從？水力發電工程帶入的大批勞工又延伸出哪些相關問題？第四章，日月潭工程所帶動的商機，談談工程帶來的商業發展，與集集線鐵道帶動的「物流」。

第一章　水里地區的自然與人文環境

　　日月潭水力發電工程範圍，分散於今水里鄉、魚池鄉、埔里鎮、仁愛鄉等。本文從日月潭水力發電相關建設，討論交通、人流、物流等主題，研究空間以 1934 年竣工的日月潭第一發電所（今大觀電廠）所在地水里地區為中心，並擴及水力發電工程區域。以下介紹水里地區之自然與人文環境、行政區位變遷。

第一節　自然環境

　　南投縣位於臺灣正中央，為全臺唯一不靠海的縣市；水里鄉位於南投縣略中央偏西，東南鄰信義鄉，東北方接魚池鄉，北方接國姓鄉，西北中寮鄉毗鄰，西方為中寮鄉、集集鎮、鹿谷鄉為界。土地面積 106.8424 平方公里，位於入山要衝，海拔高度介於 243 公尺到 1,266 公尺之間。水里鄉平地較少，僅有溪流兩岸河階平臺與沖積扇。[註1]

　　水里鄉境內山系有，玉山山塊之尹子林山（海拔 1,642 公尺）、屬阿里山山脈的集集陵脈之四十股山（海拔 1,066 公尺）、雨社山（海拔 964 公尺）、東集集大山（海拔 1153 公尺）、阿里山山脈的鳳凰山陵脈之牛轀轆山（海拔 758 公尺）、土地公鞍嶺（海拔 713 公尺）。[註2]

　　南投境內河川眾多，主要有兩條水系：烏溪水系與濁水溪水系；濁水溪主流發源地自中央山脈合歡山（3,416 公尺），為臺灣本島最長的河川，由本

〔註 1〕尹志宗，《水里鄉志》（南投縣水里鄉：水里鄉公所，2007），頁 40。
〔註 2〕尹志宗，《水里鄉志》，頁 42。

流霧社溪匯萬大溪、丹大溪、郡大溪、陳有蘭溪、水里溪、清水溪等支流所構成，流域爲全縣面積三分之二。〔註3〕全縣分成九個集水區：1.濁水溪集水區、2.清水集水區、3.陳有蘭溪集水區、4.水里溪集水區、5.日月潭水庫、6.郡大溪集水區、7.丹大溪集水區、8.武界調整池集水區、9.霧社水庫集水區；其中有五個集水區：皆與日月潭水力發電工程相關。水里溪集水區內有大觀、鉅工發電廠，明潭、明湖抽蓄發電廠；日月潭水庫主要供應水里地區發電廠用水；霧社集水區的霧社水庫（或稱萬大水庫）主要做爲萬大電廠發電量外，其下游的大觀與鉅工發電廠也因引水力提高可增加其發電量。武界調整池集水區位於濁水溪上游仁愛鄉法治村，日治時期建設武界壩並利用武界引水隧道將水源導入日月潭中。濁水溪集水區主要位在武界水庫以下河段至彰雲大橋之間，包含水里地區濁水溪上游河段和水里至彰雲大橋間的中游河段。
〔註4〕

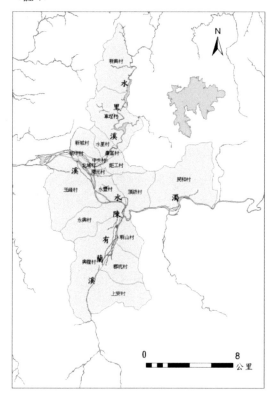

圖 1-1　水里地區水系圖

資料來源：黃志考，〈南投縣水里地區觀光發展之研究〉（臺中：國立臺中教育大學社會科教育學系碩士班論文，2009），頁36。

〔註3〕楊秉煌、葉學文、謝凱旋，《南投縣志 卷一 自然志 地理篇》（南投市：投縣文化局，2010），頁98。

〔註4〕楊秉煌、葉學文、謝凱旋，《南投縣志 卷一 自然志 地理篇》，頁116～127。

　　若單獨看水里鄉的水系部分，共有三條水系，一為濁水溪中游河道為主、二為來自玉山西麓的陳有蘭溪由南往北匯入濁水溪、三是來自魚池北方山地的水里溪。這三條河流沿岸的河谷平原以及河階臺地，成為水里鄉聚落建立的地點。〔註5〕

　　水力發電主要利用地勢高低落差，讓水往低處落下之力量使水車轉動發電。南投境內多高山林野、濁水溪水源充足，日月潭又為一天然蓄水池，此地區被視為有水力發電的潛力，1919 年日月潭第一發電所開始建設於門牌潭（今水里鄉車埕村），利用高低落差發電。

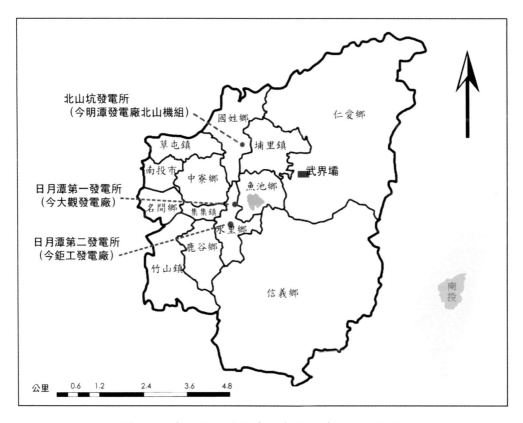

圖 1-2　南投縣行政區域圖與水力發電設施位置

資料來源：筆者繪製，底圖來自搜秀資源網開放版權教學資源庫，http://taisoci.blogspot.tw/2011/09/blog-post.html。

〔註 5〕羅美娥、施添福，《臺灣地名辭書 卷十 南投縣》（南投：臺灣省文獻委員會，2001），頁 485。

第二節　人文環境

一、水里地區開拓史

　　水里地區昔日爲水沙連番獵鹿打牲之地，鮮少有漢人出入。漢人在濁水溪中游開墾始於鄭氏時期，奠基於康熙、雍正之際，於乾隆、嘉慶年間最爲興盛，道光以後大部分已開拓趨於飽和，只剩山坡地和邊際土地能開墾。大部分開墾路徑循著濁水溪流域由西向東前進，就拓墾先後順序爲：竹山和名間爲最早，於明末清初，再來是集集、鹿谷地區在乾隆年間，最後是水里和日月潭地區，到嘉慶、道光年間才逐漸被開墾，至清末光緒年間濁水溪中游已被開墾殆盡，〔註6〕水里地區算是較晚拓墾的地區。

　　1760 年清政府重新劃定漢番界線，集集仍屬界外番地，有水沙連番「集集社」活動於此、〔註7〕水里地區屬「社子社」。〔註8〕乾隆年間 1771 年集集地區始有漢人入墾，一直到乾隆年間 1780 年已成爲進入內山必經之地，商旅漸多，並建立街庄「集集街」。〔註9〕1814 年水沙連隘丁首黃林旺勾結陳大用、郭百年、黃里仁，爲了貪圖水沙連社番土地，假借生番通事赴臺灣府宣稱積欠番餉、番食無資，將水裏與埔里兩社給漢人佃耕。1815 年臺灣府批准，郭百年取得墾照進入社子，開墾番埔三百多甲，之後又從社子侵入水裏社，再墾四百甲，又進入沈鹿（日月潭地區）開墾五百多甲；造成三社番人不服，但礙於勢力薄弱不敢反抗。最後郭百年變本加厲，假裝官員率眾到埔里社開墾，引起社番不服與抗爭，郭百年則趁機大肆焚殺，最終爆發郭百年事件。〔註10〕事件後清政府禁止漢人進入水沙連番地開墾，表面上雖爲禁止，但還是抵擋不了漢人以佃農身份混入偷墾，企圖佔有土地，招致水沙連地區番社人口大衰。〔註11〕

〔註 6〕張永楨，〈清代濁水溪中游的開發〉（臺南：國立成功大學歷史學系博士論文，2007），頁 222。

〔註 7〕張永楨，〈清代濁水溪中游的開發〉，頁 69。

〔註 8〕參考《清朝中晚期水沙連地區族群分佈圖》。簡史朗、曾品滄，《水沙連埔社古文書選輯》（臺北縣新店市：國史館，2002），頁 25。

〔註 9〕張永楨，〈清代濁水溪中游的開發〉，頁 70。

〔註 10〕姚瑩，〈埔裏社紀略〉，《東槎紀略》（臺北市：臺灣銀行經濟研究室，1957），頁 34。

〔註 11〕張永楨，〈清代濁水溪中游的開發〉，頁 106。

二、行政區的變遷

　　1874 年發生牡丹社事件之後，清政府治臺由消極轉為積極，1875 年將臺灣行政區改為二府八縣四廳，並增設埔裏社廳。日治前期行政區域調整頻繁，1901 年集集堡、五城堡屬南投廳集集支廳管轄，1920 年臺灣改為五州二廳，水裡坑地區屬臺中州新高郡集集庄大字社子、拔社埔。1940 年集集庄升格集集街，同年將原屬蕃地的郡坑納入臺中州新高郡集集街，之後轄下有隘寮、林尾、集集、柴橋頭、社子、拔社埔、郡坑七大字。戰後廢除大字，改設鄉、鎮，設村、里、街、庄。1946 年集集街改為集集鎮，1950 年「水裡鄉」正式成立；1966 年因「水裡」字欠雅，故改為「水里」鄉；〔註12〕1982 年因建立抽蓄發電廠，明潭村位於水庫中心居民必須遷移，將僅剩的 12 戶併入車埕村。〔註13〕

表 1-1　清末南投地區所屬行政區

年代	1885～1894 年（三府一直隸州十一縣三廳）			
南投地區所屬行政區	福建省臺灣府			
	臺灣縣	彰化縣	雲林縣	埔裏社廳
	南投堡 北投堡 沙連下堡	武東堡	沙連堡 鯉魚頭堡	埔裏社堡 北港溪堡 五城堡 集集堡 沙連下堡

資料來源：洪英聖，《南投縣志 卷三 政事志 行政篇、自治篇》（南投：南投縣文化局，2010），頁 15。

表 1-2　日治時期南投部分地區行政單位

年代	行政區			
1901 年	南投廳	集集支廳	集集堡	社子庄、拔社埔庄（水里地區）
			五城堡	魚池庄、貓囒庄、鹿蒿庄、大林庄、長寮庄、司馬按庄、木屐囒庄、加道坑庄、大豔庄、山楂腳庄、茅埔庄、蓮花池庄、水社庄、頭社庄、銃櫃庄
		埔里社支廳	埔里社堡	

〔註12〕羅美娥、施添福，《臺灣地名辭書 卷十 南投縣》（南投：臺灣省文獻委員會，2001），頁 484。

〔註13〕羅美娥、施添福，《臺灣地名辭書 卷十 南投縣》（南投：臺灣省文獻委員會，2001），頁 493。

				大字
1920 年	臺中州	新高郡	集集庄	社子、拔社埔（今水里鄉）
				隘寮、林尾、集集、柴橋頭（今集集鎮）
			魚池庄	魚池、貓囒、新城、鹿蒿、大林、長寮、司馬按、木屐囒、加道坑、大雁、山楂腳、茅埔、蓮華池、水社、頭社、銃櫃（今魚池鄉）
			蕃地	（今仁愛鄉、信義鄉）
		能高郡	埔里街	埔里、大肚城、林仔城、枇杷城、水頭、東埔、珠仔山、生番空、擔米坑、種瓜坑、牛相觸、烏牛欄、水尾、小埔社、太平頂、北寮、水流東、史港坑、福興庄、牛眠山、大湳、蜈蚣崙
			國姓庄	國姓、水長流、龜子頭、墘溝、柑子林、北山坑
		南投郡		
		竹山郡	其中鹿谷庄：郡坑、牛轀轆、龜仔頭（今水里鄉）	

資料來源：羅美娥、施添福，《臺灣地名辭書 卷十 南投縣》（南投：臺灣省文獻委員會，2001），頁 7、86～87、265、416、488～489。

第三節　清領時期的交通——水沙連古道

　　清領時期由於遷徙與貿易所需，原住民「眉番」與「泰雅番」所活動的埔里盆地一帶，漸漸踏出水沙連之北端路線，而「水社番」和「布農族」踏出南端路線。北路從草屯經龜仔頭，轉北港溪越過八幡峠（今埔里八幡岐山），從盆地西北邊的大坪頂進入埔里；而南路則是從集集街出發，經過水裡坑、土地公鞍嶺、銃櫃、頭社、日月潭、魚池，再從鹿蒿仔越過白藥嶺進入埔里盆地。北路主要依循河谷行走，南路必須翻越山嶺，道路崎嶇險峻，早期也有蕃害事件發生。〔註 14〕嘉慶、道光年間之後，此路線更加活絡，已經成為漢人進入頭社盆地、水社盆地的主要路徑，也是連結水里到魚池與埔里的重要道路。現今「水沙連古道」大部分已被臺 21 線所取代，只剩下「土地公鞍

〔註14〕邱正略，《日治時期埔里的殖民統治與地方發展（上）》（新北市：花木蘭出版
　　　　社，2016），頁 185～186。

嶺段」和「白藥嶺段」〔註 15〕。

土地公鞍嶺，〔註 16〕舊稱雞胸嶺，或銃櫃古道，在清代《集集堡紀略》就有清官吳光亮開山築路的記載；當時就有集集通往埔里的道路，但需要經過崎嶇的土地公鞍嶺。1882 年吳光亮為了深入後山，於是派人將難行的土地公鞍嶺路段加以改善，而減少一半行路時間。〔註 17〕

1877 年夏獻綸來臺擔任按察使銜分巡臺灣兵備道，到中路勘查埔裏各社事宜，對於土地公鞍嶺的記載更加詳細，也標示出路途距離與沿途聚落名稱，由之可以了解當時社與社之距離。

〈臺灣府轉行臬道夏獻綸查勘中路埔裏各社籌辦事宜〉

光緒三年十二月是十三日札。

敬稟者：竊職道前擬前赴中路埔裏各社查閱情形，稟明憲鑒。旋於十一月初三日由郡起程，初六日抵彰化所轄之集集街。初七日，由集集街時里至風硿口；嶺路尚不甚高，前後設銃樓四處，由福銳新右營派勇駐守。又十里為土地公鞍嶺，路較峻削。又下嶺十里至頭社，又五里至水社，又五里至貓蘭社，又五里至新城——及審鹿社，又十里至白藥嶺，又六里至埔裏社之大埔城。計由風硿口至土地公鞍嶺皆屬山路，經吳鎮開闢，現在輿馬可通；由頭社至埔裏社，雖間隔一、二小嶺，俱屬平坦易行。……〔註 18〕

清嘉慶、道光年間以來，此路線因平埔族與漢人移民更加活絡。油車坑至東方雞胸嶺西麓之風硿口，為番境總路之隘口，因番害頻傳，所以官方築隘寮於雞胸嶺東麓，銃櫃庄為隘寮遺址。在林爽文事件之後，水沙連化番總通事黃漢〔註 19〕致力撫番，編屯練兵，開墾屯田促進開發。乾隆年間，集集、

〔註 15〕 鄭安晞，《臺灣最後秘境 清代關門古道》（臺中：晨星出版事業股份有限公司，2000），頁 460～462。

〔註 16〕 土地公鞍嶺，又稱雞胸嶺、銃櫃古道，為今日之水沙連古道；位於今水里頂崁村與魚池鄉武登村交界處。

〔註 17〕 劉枝萬，〈南投縣沿革志開發篇稿〉，《南投文獻叢集（六）》（南投：南投縣文獻委員會，1958 年），頁 236。

〔註 18〕 臺灣銀行經濟研究室，《劉銘傳撫臺前後檔案》（臺北：臺灣銀行經濟研究室，1958），頁 14～15。

〔註 19〕 1787 年，林爽文事件爆發後到末期，勢力節節敗退，同夥流竄水沙連內山一帶，黃漢可能是活躍於水沙連內山的番割或社丁，通曉原住民語，熟悉水沙連事務。黃漢與邵族土目毛天福一起響應清廷當徵召，串聯番社，協助捕獲

五城兩城交界雞胸嶺已有小路可通。1815 年郭百年事件發生時，漢人大量湧進，曾於社仔開墾三百甲，事後社番聲勢大衰，而合併於田頭社（即頭社），此地漢人勢力終於確定。1824 年，王增榮及陳坑兩人為墾首，企圖開墾五城堡，投資修築集集堡到五城堡的道路，以聯通集集地區。因嶺頂像似馬鞍，此路又常有番人出沒，所以在嶺頂上建蓋了一座土地公廟，希望路人平安，故有土地公鞍嶺之稱。當時集集街為番境要區，已相當活絡發達，《彰化縣志》〈規制志〉提到：「集集皆屬沙連保，民番交易之處，距邑治陸十五里，為入山要路。[註20] 到了日治時期官方曾設置隘勇來防守此道路，1904 年的臺灣堡圖上，還能看出清楚的路線（參見圖1-3）。

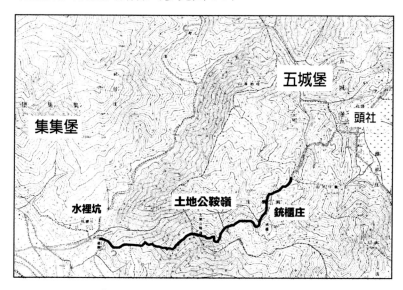

圖 1-3　水沙連古道主要路段示意圖

資料來源：筆者根據 1904 年日治臺灣堡圖重繪。

說明：現今水沙連古道可由水里鄉二坪山上的水沙連登山步道步行，嶺上鞍部還可見清代建蓋的土地公廟遺跡。路段保存尚良好，可以通往魚池鄉銃櫃村臺 21 線道路。

　　日治時期以後，水沙連古道依然是水裡坑進入日月潭、埔里地區重要的道路，還曾經設置隘勇來防守此路段。1920 年代日人建設，本區的鐵路、輕便鐵道及公路的建設，奠下水里地區現代化交通建設的基礎，日月潭水力發電工程更掀起一場交通大躍進。

　　　　林爽文的家眷。事後被賞為水沙連六社化番總通事。
[註20] 劉枝萬，〈南投縣沿革志開發篇稿〉，《南投文獻叢集（六）》，頁159。

第二章　日月潭水力發電工程的交通建設

　　臺灣總督府爲了提供廉價豐富的電力，使臺灣邁向工業化，於1919年成立半官半民營經營模式的臺灣電力株式會社，同年開始著手「日月潭水力電氣工事計畫」，日月潭水力發電工程，從1919年開始到1934年完工，前後歷經15年之久，中間經歷物價高漲和計畫變更，又遇關東大地震，之後不得已停工，再到復工完成，這期間一波三折遇到層層難關。但工程前期，已經陸續完成相關準備工程及工程設施；尤其是在臺灣中央山脈地區，山勢崎嶇多高山溪谷，致使交通不易，所以交通建設是工程的關鍵。

　　本章節重點爲：第一節闡述日月潭水力發電工程之進程，談論臺灣電力株式會社之成立與「日月潭水力電氣計畫」概要；第二節探討，日月潭水力工程所建置的交通網絡，因水力發電工程需要有完善的交通運輸系統，大量的物資才能送達工區。

第一節　日月潭水力發電工程

一、臺灣電力事業的開端

　　1885年臺灣巡撫劉銘傳來臺後，開始在臺推廣現代化建設包括：修築鐵路和架設電燈。1888年，劉銘傳在臺北城內設立的「興市公司」，〔註1〕延攬

〔註 1〕伊能嘉矩，《臺灣巡撫トッテノ劉銘傳》（臺北：新高堂書店，1905），頁 88
　　　　～89。

丹麥籍的電氣技師〔註2〕設置小型發電機，在機關和重要的街道裝設燈泡，點亮臺灣第一盞燈，但之後礙於經費過高，夜晚的明亮僅是曇花一現。

日治初期（1903年），日人土倉龍次郎獲得總督府核准，結合臺北士紳成立「臺北電氣株式會社」，於新店溪上游建立發電所，〔註3〕但之後遇到財務危機，當時總督兒玉源太郎有鑒於電力事業攸關民生福祉，乃將臺北電氣株式會社收購改爲官營，並另成立「臺北電氣作業所」，開始興建屈尺到龜山間水力發電所，稱「龜山發電所」，〔註4〕這是臺灣第一次使用水力發電。

1908年，西部縱貫鐵路通車後，臺南、打狗（高雄）、阿猴（屏東）等地區紛紛籲請設立發電設施，同年興建了竹子門發電所供應電力。1909年北部又增加了小粗坑發電所，供電範圍從基隆至新竹一帶，1911年也開始啓用后里發電所，臺中、彰化、嘉義一帶也完成水力發電。1911年之後，隨著臺灣對於用電需求日益增加，總督府在1911年到1919年間陸續核准13家民營電氣株式會社成立。〔註5〕

二、臺灣電力株式會社的成立

1919年發布的律令〈臺灣電力株式會社令〉共有34條，其主要內容爲：除了經營電力供給，也是經由總督府認可之事業，包含瓦斯及木業防腐等事業。會社經營年限爲百年，臺灣總督認可延長。社長與副社長由臺灣總督任命，任期爲五年等等。〔註6〕臺灣電力株式會社是爲了日月潭水力發電工程而設立，1918年8月成立，在資本上採半官半民的模式，其中1,200萬圓由政府出資，1,800萬圓由民間籌措。〔註7〕由臺灣總督府任命的高木友枝擔任第一任社長，〔註8〕並開始規劃興建亞洲最大之日月潭水力發電工程。當時總督

〔註2〕H.B Morse，〈1882～1891臺灣淡水海關報告書〉，《臺灣銀行季刊》9：1（1957），頁163。

〔註3〕臺灣協會，〈臺灣の電氣事業〉，《臺灣協會會報》51（1902），頁43。

〔註4〕藤崎濟之助，《臺灣電力株式會社沿革史》（臺北：臺灣電力株式會社，1937），頁2～4。

〔註5〕〈電氣事業發達史（三）/民營化と私設會社の合同/官營電氣〉，《臺灣日日新報》，1921年9月25日，第3版。

〔註6〕〈臺灣電力株式會社令〉，《府報》，第1816號，1919年4月25日。

〔註7〕臺灣電力株式會社，《日月潭水力電氣工事誌》（臺北：臺灣電力株式會社，1935），頁7～10。

〔註8〕〈高木友枝電力會社長〉，《臺灣總督府公文類纂》，第2976冊34號，1919年7月1日，頁171。

明石二郎在東京帝國大飯店招待日本地區民間委員時曾表示：會社的創立是以興建日月潭水力發電工程爲開端，經營臺灣全島水力電氣供應事業，進而拓展南支南洋的行銷路線。提供各種製造業之充沛低廉的電力，以振興國家產業爲使命。〔註9〕臺灣電力株式會社，除了經營供給電力之外，還有其他附帶事業：包含瓦斯事業、製鐵事業、製冰事業、碳化鈣製造事業、修理工場、鐵道事業等等。不僅爲臺灣帶來充沛的電力帶動工業化，臺灣電力株式會社的其他投資事業，也顯現出「電」對其他工業的重要性，促進臺灣工業化的形成，有誘導的能力，吸引資本家來臺設廠，引發連鎖效應。

三、日月潭水力發電工程計畫

日月潭水力發電工程主要是以，臺灣最長河流濁水溪（168.8 公里），導入位於南投廳面積約 5,400 萬平方公尺的日月潭發電。早在 1917 年臺灣總督府就曾派時任土木局高雄築港出張所所長山形要助，進行臺灣全島的水資源勘查作業，得到二項勘查成果：一、電氣技師國弘長建議日月潭可供發電事業，二、技師八田與一提出的官佃溪（嘉南大圳）之水利事業。〔註10〕之後擬訂出日月潭水力發電計畫。日月潭位處臺灣中心，是臺灣最大的天然湖泊，其主要是利用臺灣最豐沛的濁水溪水源，原本要在濁水溪上游姊妹原附近建設水壩引入水源，但 1931 年復興計劃改爲在濁水溪上游的武界，建蓋武界壩引入水源並從取水口處建引水隧道、明渠、暗渠，共約 20 公里，將水導入日月潭，使水位上升約 19 公尺，以日月潭當作天然的蓄水水庫，再引水利用高度差，於門牌潭設置發電所（今大觀發電廠），〔註11〕利用水從高處下降到低處的力量轉動水車發電，可以提供最大電量十萬馬力，同時可將電力運輸到臺北、高雄，供應全臺居民和企業的用電需求。〔註12〕

1919 年臺灣電力株式會社成立之後，開始推動日月潭水力發電工程計畫，並著手進行準備工事。1919 年 8 月興建北山坑發電所，爲了供應日月潭

〔註9〕臺灣電力株式會社，《日月潭水力電氣工事誌》，頁 22。

〔註10〕林蘭芳，《工業化的推手－日治時期臺灣的電力事業》，（臺北：國立政治大學歷史系，2011），頁 60。

〔註11〕「門牌潭發電所」之名稱，爲所在地名稱命名，1934 年竣工後，改名爲「日月潭第一發電所」，今爲大觀發電廠；1935 年又建設水裏坑發電所，1937 年竣工後，改名爲「日月潭第二發電所」，今爲鉅工發電廠。

〔註12〕藤崎濟之助，《臺灣電力株式會社沿革史》，頁 354～360。

工程之現場電力所需，〔註 13〕聯結水社到東埔間的電氣軌道之電力就是其中之一；日月潭水力發電工程所建築料包含有：水泥、鐵材、火藥、石材、鐵筋、木材、砂、雜貨共多達 737,000 噸以上，運輸所需區域全長約為 10 公里之距離，特別是在當時交通欠缺的情況下，並非一件容易的事。〔註 14〕為了串聯縱貫線，該會社首先鋪設二八水到外車埕間的鐵道，以利運送材料與物資，到了外車埕驛之後，轉運會社專用軌道線，抵達門牌潭發電所工地所在地。另外由外車埕到日月潭水社到東埔（埔里鎮水頭里）和東埔到武界，為了克服地形上的困難所以搭建索道；電氣軌道則是行經水社、東埔和司馬按到鹿蒿採砂場。而該電氣軌道雖然便利連絡工區，大型的機械卻無法使用索道運輸，於是先以卡車運至外車埕，再利用埔里社製糖株式會社的輕便軌道搬運至魚池，再轉換鹿蒿、司馬按間的電氣軌道到各工區。〔註 15〕

從 1919 年到 1934 年日月潭第一發電所竣工，在這 15 年期間經歷許多波折。日月潭水力工程施工後不久發生第一次世界大戰，1921 年開始出現經濟大恐慌，物價不斷上漲，日月潭水力工程也連帶受影響，不得已之下 1922 年高木社長發表工事延宕聲明書。但已投入不少資金在基礎工程上；諸如：司馬按建設部已完成、水道、工事用電話線、電力鐵道都已完工、空中索道也將全數完成等等，數條隧道都已著手開挖，使得無法放棄。在 1923 年間，經過高木友枝和大越大藏努力奔波下，再向日本興業銀行低利借款 500 萬圓準備復工，無奈同年 9 月 1 日發生東京大地震，日本一片混亂，經濟陷入困境，原本的借款也不得不解除。臺灣電力株式會社財務更加窘境，於 1923 年 12 月 1 日發表日月潭工事停止聲明。〔註 16〕

1926 年底臺灣總督上山滿之進發布日月潭工事之終止，1927 年二水到外車埕鐵路由總督府收購，正式成為鐵道部所轄支線——集集線，〔註 17〕利用所得資金籌建火力發電廠。1927 年又開啟一扇曙光，美國水力電氣工事權威公司 Stone and Webster 同意派遣技術人員對日月潭工事進行調查並重新評估。1928 年 4 月派建設部副部長 Patten、土木技師 Leeve 及電氣技師 Wood 來

〔註 13〕 臺灣電力株式會社，《日月潭水力電氣工事誌》，頁 240。
〔註 14〕 臺灣電力株式會社，《日月潭水力電氣工事誌》，頁 217。
〔註 15〕 臺灣電力株式會社，《日月潭水力電氣工事誌》，頁 218。
〔註 16〕 林蘭芳，《工業化的推手—日治時期臺灣的電力事業》，頁 117～118。
〔註 17〕 〈二水電力線の賣買契約內容 買收金は直接大藏省から電力會社へ交付〉，《臺灣日日新報》，1927 年 5 月 4 日，第二版。

臺對發電計畫全面勘查，並向會社提出建議報告。〔註 18〕此評估檢討報告，
重新燃起復工之希望，繼任總督川村竹治聽取了日月潭工事經過、現狀、及
會社營業狀況、未來發展等等，決定提出由政府保證外債案來使日月潭工事
再興。1930 年 3 月日本第 56 回會議通過臺灣電力株式會社向美國支借外債的
保證，日月潭工事得以復工。〔註 19〕日月潭水力工程主要設施包含：武界水
庫和壩體、引水隧道、引水渠道、水社水壩、頭社水壩、取水塔、餘水路、
排水路等土木工程。施工區位於嚴山峻嶺間，各項施工都是費盡千辛萬苦，
尤其在暗無天日的隧道中工作極其危險，總工程的困難度和艱苦可見一斑。

　　1929 年臺灣總督石塚英藏任命松木幹一郎為新任社長，松木社長於 1930
年 9 月 20 日，向政府提出報告書，希望解除工事暫緩命令。〔註 20〕再興確定
後，臺灣總督府與拓務、大藏兩省，進行外債募集交涉與協議工作，但當時
美國景氣不佳，初期借貸並不順利，直到 1931 年 6 月 25 日外債借款契約成
立，〔註 21〕日月潭工事才終於獲得解決。同年 10 月開始復工，三年內完成，
於 1934 年 6 月完工，7 月 18 日在玉島神社（今拉魯島）舉辦通水式及慰靈祭。
〔註 22〕日月潭水力工程，前後經歷 15 年，經歷 10 任臺灣總督、三任社長。
1919 年開始最初的總工程費大約為 2,800 萬日圓，1931 年再次復工大約花費
4,000 萬日圓，總經費高達 6,800 萬多日圓，〔註 23〕動用人力高達 253 萬 4 千
人次以上，其中包含七個工區：第一工區位於武界由鹿島組承包、第二工區
位於水頭谷由大林組承包、第三工區位於過坑由鹿島組承包、第四工區木屐
蘭由臺灣今道組承包、第五工區位於司馬按由臺灣高石組承包、第六工區位
於日月潭水社由鐵道工業株式會社承包、第七工區位於門牌潭由大倉土木株
式會社承包。工程總人次，承包業者 211 萬 4 千人次，臺灣電力株式會社直屬
員工 42 萬人次，一日所需勞動人力平均為 2,000 人次，最大為 5,000 人次。〔註 24〕

〔註 18〕臺灣電力株式會社，《日月潭水力電氣工事誌》，頁 42～43。
〔註 19〕藤崎濟之助，《臺灣電力株式會社沿革史》，頁 832～833。
〔註 20〕〈正式の調查報告　二十日電力會社から　遞信部長に提出〉，《臺灣日日新
　　　　報》，1930 年 9 月 21 日，第 1 版。
〔註 21〕臺灣電力株式會社，《日月潭水力電氣工事誌》，頁 64。
〔註 22〕〈日月潭水電の盛大は通水式　慰靈祭も無事終る〉，《臺灣日日新報》，1934
　　　　年 7 月 20 日，第 2 版。
〔註 23〕臺灣電力株式會社，《日月潭發電事業ノ大要》（臺灣電力株式會社，1934），
　　　　頁 22。
〔註 24〕臺灣電力株式會社，《日月潭發電事業ノ大要》，頁 20。

提供了十萬千瓦的發電量，是當時亞洲最大的發電工程。以臺灣第一個水力發電所龜山發電所裝置發電量來說，1907 年的裝置發電量爲 600 千瓦，日月潭第一發電所即是它的 166 倍；1921 年竣工的北山坑發電所發電量爲 1,800千瓦，日月潭第一發電所即是它的 55 倍之多。日月潭水力工程的完成爲臺灣帶來充沛的動力來源，使臺灣邁向工業化的發展。

第二節　水力發電工程帶動的交通建設

清代的交通運輸模式多以牛車、手拉車載運，個人行動主要靠步行或是乘轎。日治初期水沙連古道依然是水裡坑進入日月潭與埔里重要的道路，還曾經設置隘勇來防守此路段。之後鐵道、輕便軌道及公路的建設，在日治時期奠下現代化交通基礎，爲了建設日月潭水力發電工程，必須有完備的交通建設來運輸建材、物資的運送，工程所涉及之地區進入現代化的交通模式。

日月潭水力發電工程建設，當時預定的運送數量已達 737,000 噸，所需的運送範圍全長約爲 10 公里之距離，要負荷大範圍的運送量並非一件容易的事。工程材料所需預定數量從表 2-2 中可知，水泥大部分採用淺野水泥高雄工場（今臺灣水泥高雄廠），其餘爲日本製；部分鐵材木材、火藥、雜貨等採用日本製品；小石和砂在第一工區（武界）的碎石場製造；其他工區則是現場打碎岩石供使用；砂是由烏溪支流鹿蒿採集，但第一工區（武界）所用之砂是由水里溪及清水溪採運。〔註25〕

セメント（水泥）從打狗搬運到工事現場一桶水泥（約 170 公斤）需花費 3.5 圓，水車、發電機、鐵管、變壓器從打狗港（今高雄港）搬運到發電所需要搬運費平均一噸 60 圓，鐵塔用材料銅線類從基隆港或是打狗港，運至工事現場平均一噸需要 17 圓，以上這些物品的搬運前期是從打狗港，利用縱貫線運到二水站，之後再利用明治製糖會社線從二水到湳子間路線，運送到湳子（今名間），再轉搭臺灣電力株式會社的專用軌道和索道等設施到達施工區域。〔註26〕1921 年二水驛到外車埕間專用鐵道完成後，物資的進入由縱貫線從二水站進入外車埕線（今集集線鐵道），再利用專用軌道從外車埕到門牌潭

〔註25〕臺灣電力株式會社，《日月潭水力電氣工事誌》，頁 216。
〔註26〕臺灣總督府土木局，《臺灣電力株式會社設立參考書》（臺灣總督府土木局，1919），頁 21～22。

日月第一發電所所在地（今大觀發電廠），外車埕到水社及東埔到武界則是利用這兩條索道來運送物資。而無法用索道吊運之重機零件則是以卡車運送到外車埕，再利用臺灣製糖株式會社的臺車線送至魚池，再改用電氣軌道運送到該處。〔註27〕由此可知運送物資要利用到多種的交通設施，包括：連結縱貫線的集集線鐵道、電氣軌道、輕便軌道，索道、轎道等等，以下將逐一論敘。

表2-1　工程用材料之輸送預定數量表

材料	重量	備註
洋灰（水泥）	91,000 噸	500,000 桶
鐵筋	2,900 噸	
鐵材	3,080 噸	
木材	2,420 噸	
火藥	292 噸	
雜貨	5,260 噸	
小石	405,000 噸	第一工區武界碎石場製
砂	22,700 噸	第一工區武界碎石場製
合計	737,952 噸	

資料來源：臺灣電力株式會社，《日月潭水力電氣工事誌》，頁215～216。

一、連結縱貫線的集集線鐵道

　　1895年日人治臺後，日本為了鎮壓抗日勢力，奠定統治基礎，因此需要建造一條連接南北的鐵道。首任總督樺山資紀上任後，提倡為了統治及防衛臺灣，應儘速著手建設南北縱貫鐵路，派小山保政技師調查臺灣鐵路的狀況，〔註28〕之後著手興建南北縱貫鐵路。1899年臺灣總督府成立鐵道部，西部縱貫鐵道藍圖底定，從基隆到打狗（今高雄）南北同時動工。臺灣鐵道可以再細分為官設鐵道、私設鐵道與私設軌道。1908年日本人完成了西部南北縱貫鐵路，便利人們交通物產運輸，沿途支線的產業道路帶動糖、鹽、林木和礦業的發產。官設鐵道是臺灣總督府直接經營的鐵路，包括鐵道部管理的縱貫

〔註27〕臺灣電力株式會社，《日月潭水力電氣工事誌》，頁218。
〔註28〕渡部慶之進，《臺灣鐵道讀本》（東京市：春秋社，1939），頁45。

線（基隆－高雄）、宜蘭線（八堵－蘇澳）、平溪線（三貂嶺－菁桐坑）、淡水線（臺北－淡水）、臺東線（花蓮港－臺東）、集集線（二水－外車埕）、屏東線（高雄－屏東，屏東－東港、枋寮，鳳山－林邊），以及殖產局營林所管理的阿里山線（嘉義－阿里山）、阿里山支線（阿里山－眠月）、太平山線（羅東－土場）、八仙山線（土牛－佳保臺）。〔註29〕

　　1919 年臺灣電力株式會社爲了設置日月潭水力發電工程，同年開始著手鋪設二水到外車埕端的鐵道，之後再利用專用線往門牌潭延伸，以便運送工程所需的建材、設備、物資、與人力。臺灣電力株式會所鋪設外車埕線（二水－外車埕）所使用的軌距爲 3 呎 6 吋（1.067 公尺）與縱貫線軌距相同，可以順利與縱貫線銜接。1919 年 12 月開工，1921 年 12 月完成二水到外車埕的鐵道，一開始僅作日月潭水力工程的專用鐵道只負責搬運材料的貨運功能，〔註30〕1922 年 1 月 13 日加入了客運功能開始有載客運輸，由臺灣電力株式會社所經營。〔註31〕之後日月潭水力工程因資金短缺造成延宕，臺灣電力株式會社在 1927 年 4 月以 373,000 圓，〔註32〕轉賣給總督府鐵道部，成爲鐵道部所管轄之集集線，即今日的「集集線鐵道」。縱貫線連接二水驛向東延伸，行經鼻子頭驛（今源泉站）、濁水驛（今濁水站）、隘寮驛（今龍泉站）、集集驛（今集集站）、水裡坑驛（今水里站）、外車埕驛（今車埕站）。

　　集集線鐵道線的開闢對於觀光客、居民來說，通往日月潭觀光、埔里社或是從水裡坑驛登爬新高山（今玉山）或通往東海岸的八通關古道，都有極大的便利性；除了負有日月潭水力工程材料運輸之重任以外，對於日人搬運採自巒大、丹大的森林區之木材，也藉由集集線鐵道運輸出去。也運送沿途重要物產如稻米，香蕉、蔗糖、樟腦等等。1920 年代起沿線街庄的五城、集集、隘寮陸續成立了芭蕉檢查所，水裡坑也成立芭蕉市場，這些芭蕉利用集集線鐵道，運往基隆港口，出口到日本內地（於第四章詳述）。

〔註29〕謝國興，〈日治時期臺灣的鐵公路交通運輸業－兼及與朝鮮的初步比較〉，《日本資本主義與臺灣‧朝鮮：帝國主義下的經濟變動》（臺北：博揚文化，2010），頁 262。

〔註30〕〈水電鐵道工事〉，《臺灣日日新報》，1921 年 10 月 18 日，第 3 版。

〔註31〕臺灣總督府，〈臺灣電力株式會社鐵道二水外車埕見運輸營業開始〉，《府報》第 2562 號，1922 年 1 月 13 日，頁 10。

〔註32〕渡部慶之進著、黃得峰譯，《臺灣鐵道讀本》（南投：國史館臺灣文獻館，2006），頁 76。

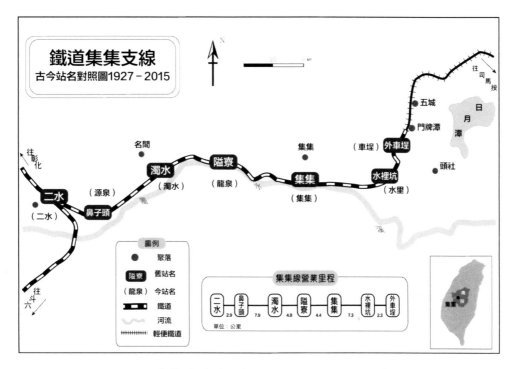

圖 2-1 集集線鐵道古今站名對照圖（劉芷瑋繪製）

資料來源：筆者根據日治三十萬分之一臺灣圖繪製。

　　集集線鐵道的影響也持續到戰後，臺灣省林務局比日治時期更擴大規模開採丹大林區，當時的水裡坑地區不僅成為臺灣中部最大的木材集散市場，集集線鐵道更成為這些木材重要的運輸工具。〔註33〕直到今日，集集線鐵道成為南投境內唯一的鐵路，是來往名間、集集、水里、魚池、埔里、信義等等對外的交通動脈，〔註34〕對中部山岳地帶的開發有極大的貢獻。

〔註33〕 1958 年木材大王孫海獲得丹大林班地伐木權之後，開設了從水裡到丹大林班地「孫海道路」（又稱丹大林道），並於 1960 年在車埕車站邊設立「振昌木材廠」，集集線鐵道又再次邁入營運高峰。引自陳俊傑，《南投縣集集線鐵道興衰調查》（南投：投縣文化局，2002），頁 34。

〔註34〕 陳哲三，《集集鎮志》（集集鎮：南投縣集集鎮公所，1998），頁 760～761。

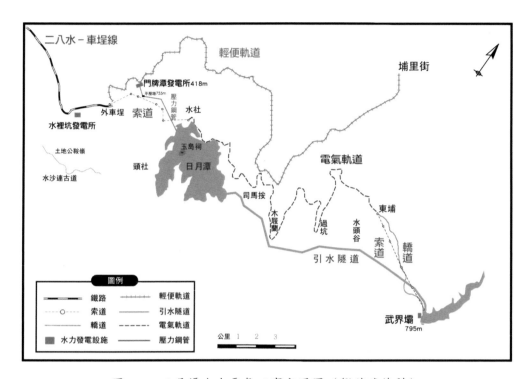

圖 2-2　日月潭水力電氣工事交通圖（劉芷瑋繪製）

資料來源：筆者根據 1934 年日月潭水力電氣工事圖繪製。

二、日月潭水力工程專用線

　　日月潭水力工程，範圍涵蓋濁水溪中上游，多處於高山蕃地內，在交通輸運建材上，有相當的挑戰性，需克服地形上的高度落差和交通不便。臺灣電力株式會社成立後，決定設置日月潭水力發電工程時，就已開始準備相關的工程設施，並於 1919 年著手建設北山坑發電所，利用北山坑發電所的電力，來支持工程中所需的動力來源。

（一）專用軌道

　　臺灣電力株式會社，除了 1921 年完工的二八水到外車埕的鐵道外，1923年闢建外車埕到門牌潭長 2.823 公里的專用軌道；和兩條到麻竹湖倉庫的支線 0.432 公里，〔註35〕軌距 3 呎 6 吋（1.067 公尺）、軌條 20 公斤，方便運輸發電機與變壓器等重型機械，自二水運達門牌潭發電所（今大觀發電廠）。1927年二水到外車埕鐵道線賣給總督府鐵道部後，外車埕到門牌潭段繼續由臺灣

〔註35〕藤崎濟之助，《臺灣電力株式會社沿革史》，頁 506。

電力株式會社經營，但會社僅擁有專用軌道路線設備並無車輛，需倚靠鐵道部的貨車運輸。〔註36〕

表 2-2　專用軌道輸送貨物數量

貨物種類	實際噸數	備註
洋灰（水泥）	5,881 噸	
鐵管	1,238 噸	
鐵材	1,947 噸	鐵金、鐵骨
機械類	1,717 噸	
砂、沙利（砂石）	896 噸	
雜貨	2,315 噸	主要是土木工程之材料
合計	13,994 噸	

資料來源：臺灣電力株式會社，《日月潭水力電氣工事誌》，頁 220。

　　1934 年日月潭第一發電所（今大觀發電廠）竣工後，此門牌潭線功成身退而拆除，在今日原部分鐵道已沈於明潭水庫中，目前還留存進入日月潭第一發電所的隧道（今大觀古隧道）。

圖 2-3　大觀古隧道（劉芷瑋 2015.01.14 拍攝）

〔註36〕臺灣電力株式會社，《日月潭水力電氣工事誌》，頁 219。

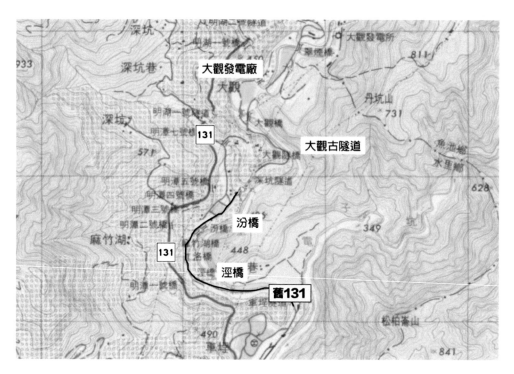

圖 2-4　今大觀古隧道位置圖

資料來源：筆者根據 1992 年兩萬五千分之一經建版地形圖繪製。

（二）電氣軌道

　　早在 1919 年確定建設日月潭水力工事時，並在埔里社堡北山坑庄建設北山坑發電所，利用南港溪水力發電，1921 年北山坑發電所〔註37〕完工開始供電。日月潭水力工程主要的施工位置，分散於武界、日月潭與門牌潭之間，考量地理狀況在司馬按興築建設所，爲了連接各工地的交通，在水社到東埔、鹿蒿到司馬按、東埔到水頭谷間興築電氣軌道。

〔註37〕北山坑發電所 1919 年建設，啓用於 1921 年，目前持續運轉中。戰後改稱北山坑發電廠，今臺灣電力公司稱其爲明潭發電廠北山坑機組。臺灣電力公司，〈明潭發電廠專輯　南投明潭發電廠〉，《源雜誌》102（2013），頁 9。

圖 2-5　電氣軌道之東埔站停車場

資料來源：臺灣電力株式會社，《日月潭水力電氣工事誌》。

　　電氣軌道全長 23.42 哩，主線（水社～東埔間）18.34 哩、水頭支線（東埔～水頭谷間）2.38 哩、鹿蒿支線為再次復工時所設（司馬按、鹿蒿間）2.70哩，軌距為 2 呎（0.6096 公尺）、軌條 18 磅、車輛 12 呎、機關車為足尾式三噸電氣機關車 42 輛、一噸重的箱型貨車 250 輛、一噸重的貨車 800 臺，電氣方式為單線架空式，使用電壓直流 600v，於司馬按設有變電所 200kva，電動發電機一臺。〔註 38〕主要運送的貨物為，水泥、砂石、鐵材、雜貨包含木材與食品；實際運送的數量請參照表 2-3。

表 2-3　電氣軌道輸送貨物數量

貨物種類	實際噸數	備註
洋灰（水泥）	53,327 噸	
砂石	138,002 噸	
鐵材	2,419 噸	鐵筋、鐵骨
雜貨	28,558 噸	主要為木材、鐵材、食品
合計	222,356 噸	

資料來源：臺灣電力株式會社，《日月潭水力電氣工事誌》，頁 223。

〔註 38〕臺灣電力株式會社，《日月潭水力電氣工事誌》，頁 221～222。

表 2-4　電氣軌道運轉實績

運轉日數	1,015 日		
行走哩數	全行走哩：1,233,178 哩	1 日平均：1,1214.9 哩	最大 1 日：2,379.2 哩
運轉噸數	全數：222,356 噸	1 日平均：2,747.3 噸	最大 1 日：5,918 噸
運轉經費	241,385.563 圓	平均 1 噸：1,086 圓	

資料來源：臺灣電力株式會社，《日月潭水力電氣工事誌》，頁 223。

說明：經費只含運轉經費，不含軌道及電氣路線和電費。

　　總督府鐵道部出版品《臺灣鐵道旅行案內（1923 年）》，在二水驛的介紹中提到，臺灣電力株式會社因工事開始，所需的機械用具，都將從二水驛轉運到日月潭；轉往日月潭的旅遊資訊，指出司馬按到水社間有電車可以搭乘。〔註39〕但在 1934 年（昭和 9）總督府鐵道部年報中，〔註40〕臺灣電力株式會社所設的私設鐵道中，顯示為專用線，包含當時為了建設松山火力發電廠所鋪設的松山線、外車埕門牌潭支線（外車埕—門牌潭）、門牌潭支線（門牌潭—門牌潭）、麻竹湖支線（麻竹湖—麻竹湖）、和兩段電氣軌道幹線（水社—東埔）、魚池鹿蒿線（魚池—鹿蒿溪）。但對於此路線，尚無完整資料顯示此電氣軌道為營業路線。在 1931 年日月潭水力工程再次復工之後，曾有記者衛藤升前往工區域視察，之後於《臺灣日日新報》寫下相關的評論，指出工程承包商所開設的雜貨店，可以免費搭乘電車搬運雜貨；而一般的當地商人卻需要支付四錢貨運費，有差別待遇。〔註41〕在陳朝謀（1911 年生）回憶中，電車的總站設於司馬按的電力工程總部，從總站出發後陸續經過司馬按、大林聚落，由長寮頭銜接木屐囒坑頭後，繞道內加道、過坑（仁愛鄉中正村），抵達東埔（埔里鎮麒麟里）。這一段電車道主要是運輸材料補給與隧道退土。而他也曾參與工程以鋤頭畚箕整地，每日工資四、五毛錢，電氣車運轉時常拖有四節車臺，大概有五、六十組，配有臺籍轉運手（司機），每天上午八點上工，來回駕駛到傍晚五點下班。除了載貨外，電車也常用來接運工程，分

〔註39〕臺灣總督府交通局鐵道部，《臺灣鐵道旅行案內》（臺北：臺灣總督府鐵道部，1923），頁 114。

〔註40〕臺灣總督府鐵道部，《臺灣總督府鐵道部年報》（臺北：臺灣總督府鐵道部，1934），頁 251。

〔註41〕〈日月潭工事の現場を視るの記—新興氣分全山に漲る（二）〉，《臺灣日日新報》，1931 年 12 月 1 日，第 2 版。

送到各工區，個人因與司機熟識，進出埔里常搭便車。另一位盧四猛（1927
年生）的回憶，當時還是孩子的他常跟隨大人們一起進入隧道，用輕便車將
隧道裡面的土石運出，之後挑到電車上，在隨電車到其他地方傾倒，工作時
常邊做邊玩，運轉手司機會將他們定點放下來，過一兩個鐘頭再回來接他們。
〔註42〕

　　這條電氣軌道於日月潭水力工程結束後即拆除，在 1942 年的《臺灣鐵道
旅行案內》中的路線圖中（圖 2-6），水社到司馬按再到魚池已用自動車路線
標示，〔註43〕推論是電氣軌道路線拆除後改為公路使用，與現今投 69 鄉道頗
為吻合。

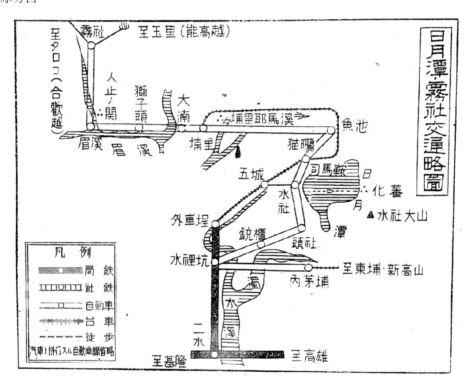

圖 2-6　日月潭霧社交通略圖

資料來源：臺灣總督府交通局鐵道部，《臺灣鐵道旅行案內（昭和 17 年版）》（臺北：
東亞旅行社臺灣支部，1942），頁 163。

〔註42〕張連桂、沈揮勝著，《明潭憶舊》（南投：日月潭風景區管理處，2002），頁 161
　　　　～165。
〔註43〕臺灣總督府交通局鐵道部，《臺灣鐵道旅行案內》（臺北市：東亞旅行社臺灣
　　　　支部，1942），頁 163。

（三）索道

　　為了克服地形上運輸的困境，又能省時省力的運送物資，分別設置兩條索道，分別為外車埕到水社間有 3.71 哩（約 5.9693 公里），和東埔（今埔里鎮水頭里）到武界間有 3.52 哩（約 5.6636 公里）。〔註 44〕這裡所使用的索道，屬於架空索道，而架空索道樣式多樣，因應不同環境與經費需求所設置。在 1930 年代的臺灣，有兩種架空索道類型較常被使用，一種是單線式，用於基隆搬運煤炭及日月潭水力發電工程材料的搬運；另一種是複線式，用於金瓜石礦石的搬運及太平山、八仙山林業木材運送。〔註 45〕在多山的地區，運送距離較長，所以又為多徑間的架空索道，先在山頂部找到適當的位置建立支柱，所搬運的容積量不大，負荷重量最多不超過 500 公斤，較為經濟的運輸法。〔註 46〕

圖 2-7　外車埕索道始點

資料來源：臺灣電力株式會社，《日月潭水力電氣工事誌》。

〔註 44〕臺灣電力株式會社，《日月潭水力電氣工事誌》，頁 224。
〔註 45〕荒卯三郎，《新案荒式架空索道運搬法（運材法）》（臺北：荒卯三郎，1930），頁 6。
〔註 46〕近藤勇著、于景讓譯，《臺灣之伐木工程》（臺北：臺灣銀行經濟研究室，1960），頁 62。

　　外車埕～水社間索道起點與終點高度落差有 1,484 尺，中間有 5 處轉折處，轉折處與轉折處最長跨徑為 1,538 尺；東埔～武界間索道起點與終點高低落差大概有 681 尺，中間的轉折處有 4 處，最長的跨境距離有 2,100 尺。〔註47〕以武界壩來說，它橫蓋在濁水溪河床最狹隘處，兩岸為堅硬的砂岩，武界壩海拔高度將近 800 公尺，要從東埔（今埔里鎮水頭里）越過將近 1400 公尺高的武界山，把物資運送到武界壩施工現場，不是容易的事，更不用說把水泥、鐵材、木材等物資運往崎嶇山嶺地區；只能利用索道將大型的物資運往武界工區，而人員則行走於轎道上。

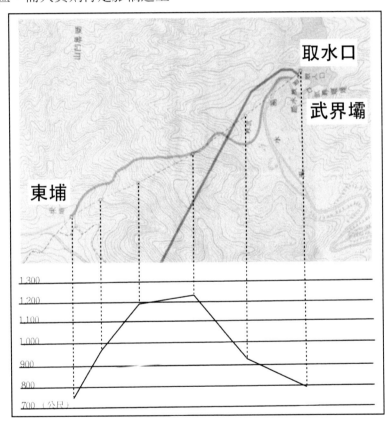

圖 2-8 東埔——武界索道高度示意圖

資料來源：筆者截自日月潭水力電氣工事圖重繪

說明：圖 2-8 是以公尺作為單位，文中的落差距離與跨境距離單位為日制單位「尺」，引用自《日月潭水力電氣工事誌》。圖中橘色線段為「轎道」，藍色線段為舊武界引水隧道。

〔註47〕臺灣電力株式會社，《日月潭水力電氣工事誌》，頁 225。

表 2-5　索道設備概要表

項目	外車埕～水社間	東埔～武界間
形式	玉村單線式	玉村單線式
起點終點高低落差	1,484 尺	681.23 尺
支柱數量	56 座	47 座
支柱最高	85 尺	80 尺
支柱平均高	23.37 尺	28.3 尺
最長跨徑	1,538 尺	2,100 尺
中間彎曲裝置	5 處	4 處
原動力	第 1 原動力 110h.p 第 5 原動力 80h.p	第 1 原動力 110h.p 第 2 原動力 80h.p 第 3 原動力 80h.p
鋼繩	順絞繩 7 蕊 6 條中心麻繩直徑大小 1.25 吋	順絞繩 7 蕊 6 條中心麻繩直徑大小 1.25 吋
破斷刀	50 噸	50 噸
搬運容量	容量 6 立方尺 重量 0.25 公噸	容量 6 立方尺 重量 0.25 公噸
運轉速度	每分鐘 360 尺（每小時約 4 哩）	每分鐘 360 尺（每小時約 4 哩）
輸送能力	1 小時 15 噸	1 小時 15 噸

資料來源：臺灣電力株式會社，《日月潭水力電氣工事誌》，頁 225。

表 2-6　外車埕到水社間索道輸送貨物噸數＆運轉實績表

項目	外車埕～水社間輸送噸數	東埔～武界間輸送噸數
洋灰（水泥）	65,645 噸	38,741 噸
鐵材	3,306 噸	含木材 19,944.5 噸
雜貨	27,505 噸	
砂		28,802 噸
運轉日數	890 日	
運轉總時數	8,024.4 小時	
運送總噸數	96,356 噸	
每日最大輸送噸數	406 噸	
運轉總經費（不含維護費用）	98,379.018 圓	

資料來源：臺灣電力株式會社，《日月潭水力電氣工事誌》，頁 227。

　　整體施工也會發生索道相關的工安意外，索道除了運輸建材所需物，但有時施工人員，也必須前往索道處修理機具，而不小心跌落深谷慘死，[註48]或是乘坐索道方便往返，因索道故障造成人員跌出傷亡。[註49]圖 2-9 爲武界工區鹿島組的人員在索道的流籠上所拍攝的照片，但以一個流籠所能乘載的250 公斤到 500 公斤重來計算，照片中的流籠擠入 5 個青壯年男子似乎乘載量還能負荷，但有人蹲坐著，有人站立著，也著實危險。

圖 2-9　索道吊桶上之鹿島組員工

資料來源：林炳炎提供

[註48]　〈索道支柱 から墜落慘死 日月潭工事中〉，《臺灣日日新報》，1932 年 5 月14 日，第 2 版。

[註49]　〈武界索道慘事 三人乘桶至最高處 被洋灰桶擊墜斃命〉，《臺灣日日新報》，1933 年 7 月 19 日，第 4 版。

圖 2-10　武界取入口堰堤工事

資料來源：《臺灣電氣協會會報第貳號》（臺北：臺灣電氣協會，1933），廣告頁。

說明：武界壩位建於濁水溪最狹窄的河道上，位於海拔將近 800 公尺的高山內，照片中可以看出，兩側山脈高聳，運送物資都須仰賴索道越過高山送達武界工區。

（四）轎道　東埔－武界

　　早期的武界完全沒有聯外道路可到達，一般的人員到武界地區，則是要行走於山壁間的轎道路線；如有高級員工視察，則是有人力扛轎行走於此路上。東埔（今埔里鎮水頭里）至武界的道路，在《臺灣日日新報》稱為「武界越」，由水頭至武界，詳細里程為 2 里 10 町（約 8,944 公尺），可參考《臺中州蕃地里程表》。1924 年 8 月總督與臺灣電力株式會社社長高木友枝等一行人，一同巡視日月潭水力工程，第四天來到武界視察，從埔里越過「武界越」，山路泥濘不易行走，部分的人乘坐轎子，部分人用步行的。〔註50〕從東埔（今埔里鎮水頭里）過「武界越」到武界壩，道路非常之艱辛；所以駐守武界的臺電老員工曾流傳一句臺灣話，「若上武界嶺，就離某擱離囝」。於臺電退休

〔註50〕〈日月潭巡視の總督　四日は武界、姊妹原 の取り入口を巡視〉，《臺灣日日新報》，1924 年 8 月 5 日，第 2 版。

的劉建壽課長，父親劉坤土也是臺電員工，年輕時在武界壩服務，所以劉健壽的幼年生活居住在臺電武界壩的員工宿舍，劉課長回憶，父親要前往武界時會挑著扁擔，扁擔的兩邊一邊挑著日常用品，一邊則是劉健壽課長，從埔里越過武界嶺到武界壩將近要步行三小時的路程。〔註51〕

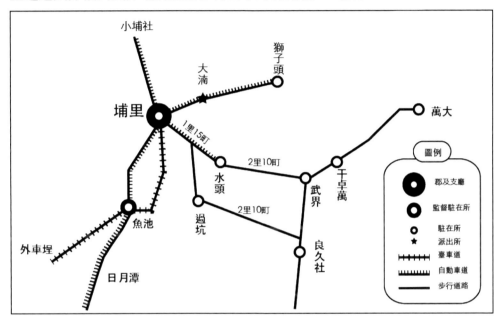

圖 2-11　水頭到武界里程數為 2 里 10 町（約 8,944 公尺）/劉芷瑋繪製

資料來源：臺灣總督府警務局，擷取《臺中州蕃地里程表》（臺灣總督府警務局，1935）

　　日人芹田騎郎〔註52〕在 1945 年終戰的前夕，被派任到武界公醫診療所擔任公醫，他所著的《由加利樹林裏》是他當時在武界當公醫到 1946 年被遣送回國前的回憶錄，當時他帶著母親和妻子一同前往。第一天要從埔里到武界，

〔註51〕劉健壽（1946 年生，2008 年臺灣電力公司課長退休）報導，劉芷瑋口述訪談記錄，2016 年 11 月 23 日。

〔註52〕芹田騎郎 1918 年生於日本北九州市。1935 年渡臺，任職於「臺灣オフセント印刷會社」，負責臺灣總督府專賣局委託之香煙盒圖案設計及其他印刷原稿之圖案。1939 年被徵召赴內蒙古派遣部隊，在軍中報考了衛生兵科。1943 年退伍後，返臺北復職。1945 年 8 月 14 日，因有軍醫經歷，被徵召，調職臺中州能高郡蕃地公醫診療所，不料隔日日本即宣佈投降，臺灣轉歸國民政府管轄，乃申請入「中華民國」國籍，決心羈守並埋骨於臺灣山地。但 1946 年接到通告，日籍中國人一律遣送歸國，3 月被遣送回日。1948 年進入三菱化成株式會社寫真部，兼事美術創作，其作品屢獲日本及國際大獎。

武界社的頭目爲他備了轎子，他形容轎子類似中國的輿，有南國情調，有別
於中國式轎子型態，把坐席改成藤椅，手抬的柄是長約五公尺的竹竿，看起
來很簡陋。〔註53〕轎子的形式可參閱圖 2-12，日月潭水力工程官員所乘坐樣
式。芹田騎郎把轎子讓給了他的母親乘坐，之後一行人越過トーフ嶺の峠（譯
多福嶺），在 1,400 公尺山頂處有一座涼亭稍作休息。〔註54〕以前臺電的老員
工說過武界嶺，也叫「辭職峠」因爲要越過「武界嶺」，因爲路途太過辛苦，
會讓人萌生辭退念頭，推論トーフ嶺の峠可能爲「武界嶺」。從埔里到達山頂
莫約兩個小時，過了山頂則是下坡路段，與劉健壽所述，全程大約路程三個
小時出入不大。

圖 2-12　乘轎者爲鹿島組重役──永淵清介

資料來源：林炳炎，〈略述八十年前年日月潭水電工程技術－以鹿島組爲例〉，《土木
水利會刊》41：5（臺北，2014 年，10 月），頁 66。

〔註53〕芹田騎郎著、張良澤譯，《由加利樹林裏》（臺北市：前衛，1999），頁 76。
〔註54〕芹田騎郎著、張良澤譯，《由加利樹林裏》，頁 78。

　　東埔到武界的這條道路，在 1924 年五萬分之一地形圖顯示為小徑未滿一米的道路（參照圖 2-13），而到 1996 年經建版的地圖，還可以看到此路線，但目前此道路某些路段已無法行走，所以地圖上路線有不連續的情況。而在戰後的地圖中出現檢查哨，目前該檢查哨建築還保存，但已無使用（參照圖 2-14）。

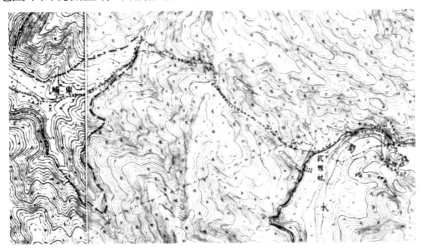

圖 2-13　1924 年東埔到武界地形圖

資料來源：1924 年五萬分之一臺灣地形圖。

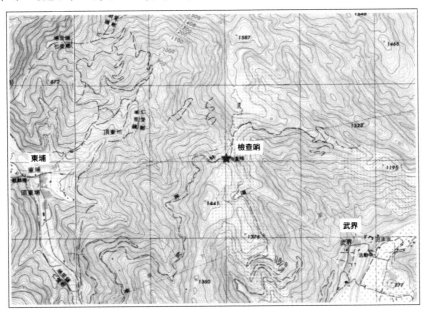

圖 2-14　戰後東埔到武界路段

資料來源：筆者根據 1996 年經建版地圖繪製

三、輕便軌道（私設軌道、臺車道）

　　輕便軌道又稱私設軌道，或稱臺車道，臺灣私設軌道規則中第一條提到，
『鋪設軌條供作一般交通運輸之用的設備』，特別不使用『瓦斯、蒸氣及電氣』
作為動力設備。〔註55〕軌道是在固定的鐵軌上放置搬運的臺車，早期軌距大
多數為 1 呎 7 吋半（0.4953 公尺），少部分為 2 呎（0.6096 公尺），之後出現
少數的 1 呎 5 吋、1 呎 4 吋等多種規格，但還是以 1 呎 7 吋半為數最多，〔註
56〕每臺車臺車後方豎立兩根木棍以人力推動或是獸力利用拉動。

　　輕便軌道主要為日本接收臺灣初期，作為軍用運輸軌道，1906 年之後，
隨著製糖事業之發展，以專用搬運鐵路的形式出現。製糖事業附帶廣大的蔗
園區，為了縮短蔗園與工廠間的搬運，保持原料新鮮度，鋪設輕便鐵道或輕
便軌道便成了常態。〔註57〕輕便軌道設施成本低，僅鋪設兩條鐵條即可，容
易鋪設和拆解，可以隨時設置，或是改變方向，乘載重量大，是非常靈活的
運輸設施。在軌道上放置搬運物品的臺車，可以載貨或兼營載客，載客乘車
又分為普通車四人，特別車兩人；旅客座席為木製臺車上放上木板或竹椅，
特等臺車則是藤椅或皮條外加遮陽布。除了有專門的停車站之外，中途還會
設會車道，如遇會車時，空車禮讓載重車，客車要讓貨車，下行要先讓上行
方。會車時，將臺車搬出軌道，讓對方通過後再搬入軌道行駛。〔註58〕

　　在縱貫線鐵路開通後，埔里地區一直在找尋可以銜接縱貫線的方式，原
本有兩條路線，一條是自二八水驛經集集街至埔里社；另一條是自南投經濁
水庄到二八水。〔註59〕1910 年底埔集軌道完成，但因大豪雨使軌道毀損，延
遲開通。〔註60〕1911 年 4 月二八水至埔里社之輕便軌道開通。〔註61〕埔里社
到二八水的輕便軌道，原是浦南公司所經營，後來經營權轉售給埔里社製糖
株式會社，1911 年 5 月 6 日全線開通，因為批准載客相關規定，僅提供載運
會社原物料品。原本到達埔里社需經過南投，開通之後只需從二八水經集集

〔註55〕臺灣總督府，〈臺灣私設軌道規程〉，《府報》第 3427 號，1912 年 1 月 26 日，
　　　　頁 69～71。
〔註56〕謝國興，〈日治時期臺灣的陸上交通運輸業〉，《臺灣殖民地史學術研討會論文
　　　　集》（臺北：海峽學術，2004），頁 19。
〔註57〕渡部慶之進，《臺灣鐵道讀本》，頁 277～278。
〔註58〕渡部慶之進，《臺灣鐵道讀本》，頁 283。
〔註59〕〈敷設埔里社輕鐵〉，《臺灣日日新報》，1909 年 11 月 14 日，第 6 版。
〔註60〕〈埔集鐵道完成期〉，《臺灣日日新報》，1910 年 11 月 29 日，第 2 版。
〔註61〕〈縱貫鐵路延長〉，《臺灣日日新報》，1911 年 4 月 20 日，第 2 版。

等站即可抵達埔里，仕路程上縮短又更加便利了。〔註62〕之後運送蔗糖同時，又兼營載客。埔里社製糖株式會社，原是埔里當地居民成立的舊式糖廍，1909年被日人合併爲埔里社製糖株式會社，1913 年後被合併入臺灣製糖株式會社，名爲埔里社製糖所。在 1919 年後，臺灣電力株式會社進行鋪設二八水到外車埕端的鐵道後，臺灣製糖株式會社，所以營業的線路就改爲外車埕到埔里端。

　　日本作家佐藤春夫，於 1920 年 6 月到 12 月，三個月的間在臺灣旅遊。在他回日本後所出版的《殖民地之旅》中的一篇小散文〈日月潭遊記〉就有紀錄，爲了到日月潭遊玩，當時從縱貫線到二八水後轉搭某砂糖會社的私鐵，但因爲那時遇到颱風所以一段路程後，必須下車走二十町（約 2180 公尺）再轉搭另一臺車，佐藤與車上的人談論，知道必須要在另一個站下車，再轉搭臺灣電力株式會社的臺車，到集集街去，因爲他與民政長官下村宏有認識，使他成爲臺灣電力株式會社的客人，所以轉搭臺電的臺車時，他們爲特別準備了安置藤椅又有遮日蓬概的臺車。〔註 63〕文中寫到他忘了是在哪一站轉乘，1919 年和 1920 年的鐵道部年報中表示，明治製糖株式會社所經營的私設鐵道二八水－南投路段，中途停靠二八水－鼻仔頭－滴仔－新街－南投，〔註64〕而臺灣製糖株式會社所經營的私設軌道爲滴仔－埔里路段。〔註 65〕佐藤春夫當時搭乘縱貫線從南北上，於二八水轉搭的應是－明治製糖株式會社的二八水－南投段路線，於滴仔再轉臺灣電力株式會社的臺車前往集集街。另外依據《臺灣日日新報》1921 年 5 月 31 日的報導，可以知道：日月潭工程的鐵道工事，已經完成二水到名間再到集集端的鐵道鋪設，而集集到水裡坑和外車埕、門牌潭端，也即將在同年八月中旬完成。〔註66〕

〔註62〕〈南投輕鐵現況〉，《臺灣日日新報》，1911 年 5 月 22 日，第 2 版。

〔註63〕佐藤春夫著、邱若山譯，〈日月潭遊記〉，《佐藤春夫：殖民地之旅》（臺北市：草根，2002 年），頁 57～58。

〔註64〕臺灣總督府鐵道部，《臺灣總督府鐵道部第二十年報・統計表》（臺北：臺灣總督府鐵道部，1919），頁 156。臺灣總督府鐵道部，《臺灣總督府鐵道部第二十一年報・統計表》（臺北：臺灣總督府鐵道部，1920），頁 170。

〔註65〕臺灣總督府鐵道部，《臺灣總督府鐵道部第二十年報・統計表》（臺北：臺灣總督府鐵道部，1919），頁 176。臺灣總督府鐵道部，《臺灣總督府鐵道部第二十一年報・統計表》（臺北：臺灣總督府鐵道部，1920），頁 192。

〔註66〕〈日月潭を視察して（二）發電所の現況と工程に就て／鐵道工事〉《臺灣日日新報》，1921 年 5 月 31 日，第 2 版。

　　工程位處多山林與溪谷地形，聯外交通本為不便。臺灣總督府為了興建日月潭水力工程，首要任務在建立完備的交通運輸，靠著不同新型態的交通包括：集集線鐵道支線、臺灣電力株式會社專用線、電氣軌道、輕便軌道、索道、轎道等；運送物資與人力。除了索道之外，電氣軌道、輕便軌道與現今道路大致雷同。集集線鐵道也因後來兼營載客與縱貫線緊密接軌，發揮了極大的交通便利性，與水里地區的發展有密切的關係。在集集線鐵道通車之前，此區僅靠糖業的輕便軌道和步行的交通方式，若無日月潭水力工程所發展出來的交通網，就很難使建材、物資、人力，更加快速到位，對於地區的發展與產業的開發就很難有所突破。

第三章　水力發電工程的人流

第一節　水力發電工程的「水庫移民」

　　「日月潭」出現於文獻最早可追溯到清代，當時還有一名外國傳教士——甘爲霖〔註1〕自許第一位造訪日月潭的歐洲人，對面這片平靜、甜美又孕育生命的水源，將之取名爲甘治士湖（Candidius Lake，即今日月潭）。而日月潭中的小島「珠仔山」也在文獻上出現過，曾經入選「諸羅六景」、「彰化六景」、「彰化八景」。到了日治時期，爲提升了臺灣島上的用電量，1919 年開始建蓋日月潭水力發電工程，1934 年日月潭水力工程竣工後，日月潭水位上升 60 尺高（19 公尺），日月潭周圍的土地，包括位於日月潭中的珠仔山也淹沒於潭水下，最後只露出山頭的部分，原本生活在珠仔山與日月潭周邊的住民被迫遷離家園。另外 1931 年底的工程復工帶來大量的勞工進入，人口的湧入也帶來周遭地區商業的景氣，本節即針對因工程遷出的住民與移入的人口加以探討。

〔註 1〕1873 年的 5 月 16 日，第一位歐洲人初到日月潭，他是甘爲霖（William Campbell）牧師，蘇格蘭格拉斯哥人，隸屬英國長老教會，1871 年受派到臺灣府宣教。甘爲霖牧師因到埔里社傳教，離開時的路線決定到水番和他們的湖看看。他們從埔里社出發，越過南方的山脈後，當天晚上抵達水番的居住地，讓他見識到福爾摩沙島上唯一的大湖，並取名爲甘治士湖。引自：甘爲霖著，林弘宣、許雅琪、陳珮馨譯，《素描福爾摩沙：甘爲霖臺灣筆記》（臺北市：前衛，2009），頁 61。甘治士（Georgius Candidius），首位被選派到福爾摩沙的基督教牧師，在 1627 年 5 月 4 日抵達。1631 年，甘治士被召回巴達維雅一陣子，但隨即 1633 年再度回到赤崁（今臺南市），直到 1637 年離開。

一、日月潭地區人口概況

　　相傳邵族的祖先因爲追捕白鹿發現了日月潭，於是移居到 lalu〔註2〕（今拉魯島）珠仔山上，那時潭水很淺，珠仔山除了屋舍之外，四周還有些田地，邵族人在珠仔山住了約百年之久。清領時期官府在珠仔山上蓋了六角亭，番人認爲破壞了風水導致很多人死亡；邵族人於是搬離珠仔山分住於日月潭周圍的沈鹿〔註3〕（今魚池鄉新城村）、貓囒〔註4〕（今魚池鄉中明村）、水社、〔註5〕頭社〔註6〕（今魚池鄉頭社村）形成聚落。清代文獻《諸羅縣誌》、《番俗六考》、藍鼎元的〈紀水沙連〉一文、〈埔里社紀略〉等皆有珠仔山相關的記載。在道光以前，水沙連地區被規劃爲番境禁地，嚴禁漢人進入內山墾殖；由於大量的閩、粵籍進入西部平原開發土地使得土地越漸稀少，雖然官方嚴禁侵墾番界土地，但卻無法抵擋漢人入墾的熱潮。因漢人覬覦水沙連地廣人稀、豐腴的土地，終於引發「郭百年事件」。自漢人移入後，邵族與漢人接觸引發傳染病肆虐，邵族人不得不拋棄祖居地遷徙到番仔田（今魚池鄉大林村）、司馬按（今魚池鄉大林村）、崙龍、向山、大舌滿（今魚池鄉頭社村）、北旦（今魚池鄉水社村）、石印（今魚池鄉水社村）、土亭仔、南平湖、銃櫃（今魚池鄉武登村）、五城、阿里眉、益則坑（今水里鄉民和村）、大坪林（今水里鄉頂崁村）等地方。〔註7〕1919 年日人開始計劃興建日月潭水力發電工

〔註2〕邵族祖靈地 Lalu（拉魯島）從古到今有多個名稱，自清代以八景之一出現於方志中，《彰化縣志》中提及的「珠潭浮嶼」、漢人稱之「珠仔山」、日治時期稱作「玉島」並在上面建蓋神社－玉島祠祈求工程順利、戰後稱作光華島等。

〔註3〕沈鹿亦稱審鹿，邵語爲 Simduq，光緒年間漢人侵入，原居住在沈鹿邵族人移居新興庄，日治初期合併於石印，成爲卜吉一部分。鄧相揚，《邵族風采》（南投：交通部觀光局日月潭國家風景區管理處，2000），頁 37。

〔註4〕貓蘭社，邵語稱 Kathafatu，道光年間已有漢人混入開墾，光緒年間遷至大茅埔，日治初期一部分人回到貓蘭社東北方的番仔田，後來併於石印，成爲卜吉社一部分。鄧相揚，《邵族風采》，頁 37。

〔註5〕水社，邵語稱 Kankwan，即爲日月潭周圍地區，包含水社、石印、茅埔等地。光緒年間，社社邵族人分散於大茅埔、石印、竹湖，日治初期大茅埔、竹湖合併於石印，1934 年日月潭水力工程完工，他們被迫遷於卜吉，原來舊部落均淹於潭中。鄧相揚，《邵族風采》，頁 36～37。

〔註6〕頭社，邵語稱 Tafari，光緒年間漢人大量進入帶來瘟疫，頭社邵族人只好遷往南畔山下，日治初期又遷移到雨社山下的大坪林，即今水里鄉頂崁村一部分，原有的頭社已變成漢人聚落。鄧相揚，《邵族風采》，頁 36。

〔註7〕鄧相揚、許木柱，《臺灣原住民史邵族史篇》（南投：省文獻會，2000），頁 15～17。

程，1934 年工程完工水位上升，居住在日月潭地區的住民，不管是漢人還是原住民都面對莫大的轉變。

二、水庫移民

　　早在 1919 年日本政府已預想到，日月潭水位上升近 20 公尺，日月潭中的「珠仔山」與周圍地區即淹沒於潭中，人口必須遷移的問題。1919 年宣布建設日月潭水力發電工程後，臺灣日日新報上開始有報導居民移住問題，〔註8〕陸續也有水社部落移住的報導；工程初期政府與臺灣電力株式會社尚未決定相關移住地，但當時報紙上已有聲浪認為化蕃（邵族）有特殊性，是日月潭的「名物」，作為人種的研究必須保留。〔註9〕

　　總督府計畫將水社住民移居到臺中州員林郡田中庄大新一處約有 200 甲的集團保留地，原本有四處集團移住的預定地分別為：1.新高郡集集庄拔社埔、2.能高郡埔里街水頭、3.北斗郡沙山庄草湖、4.員林郡田中庄大新、北斗郡溪州庄潮洋厝等。而最後選定了員林郡田中庄，分別為大新約有 77 甲土地、三塊厝約有 119 甲；另外為了保護石印化蕃避免與本島人混居，預計將其移居到魚池庄外約 268 甲的官有地上。〔註10〕到底邵族與漢人實際移居何處？相關的補償又是如何？以下分別探討。

（一）邵族

　　1933 年，日本政府想先安定邵族人，原先選址在彰化二水附近土地，經過日本政府協同邵族長老代表到現場勘查過後，考量土地為河床地，必須重新以人力開墾非常辛苦，再來河床地形不適於邵族人的坡地耕作習慣，長老與政府協商後，決議放棄二水。之後日本政府選擇離日月潭不遠的地區，即現今的魚池鄉共和村與內加到地區，但又距仁愛鄉的布農族過坑部落太過接近，邵族長老深怕日後發生族群間衝突，一致不同意此地點，最後經由再次協商，決定選擇日月潭畔的卜吉〔註11〕居住。1934 年，邵族人共 33 戶被強制

〔註8〕〈全村移住問題 日月潭水電に關し〉，《臺灣日日新報》，1919 年 11 月 6 日，第 7 版。

〔註9〕〈化蕃村將埋沒〉，《臺灣日日新報》，1921 年 9 月 10 日，第 6 版。

〔註10〕TDLB_03_03_11503，〈雜書類（3）〉，臺灣拓殖株式會社移交臺灣土地銀行經營檔案，中研院臺史所檔案館，2017 年 3 月 15 日瀏覽。

〔註11〕卜吉為今邵族人居住的聚落，早期漢人俗稱為「北窟」，日治時期稱為卜吉或卜吉社，戰後國民政府將地改名為德化社，1950 年行政區域改隸為南投縣魚

移民到卜吉，並隔離漢人，禁止漢人進住，使其成為一個純粹的邵族部落。
〔註12〕

臺灣電力株式會社收買邵族人在石印的居住地和大部分田地，並將其遷往卜吉，但卜吉社周圍土地已為臺灣電力株會社發展計劃中的用地，故邵族人的房屋及其耕種之水田都必須向會社承租每年繳納租穀。而電力會社租給他們的田地是依據當時每戶的人口數平均分配，每一口可分得水田二分地，所租的田地包括房屋地基在內，每年納租穀一次，收成二季的水田每年須納穀一百臺斤，收成一季的水田則納穀六十臺斤。邵族人向電力會社所承租的土地保有使用權，使用權可由租借者出讓，並取得轉讓金，但必須經過會社同意之後，申請更改主權者之姓名。〔註13〕

邵族耆老石阿松（1923年生）的口述，1934年日本人將他們強制遷移到卜吉，並更名為化蕃社，每戶分配的房舍中，格局為六個隔間的住宅，房屋後方有豬舍、便所、牛欄、糞間，和一小塊菜園。當初日人言明，水位上60呎，化蕃社湖岸為淹沒的土地，都屬於原住民的土地可自由耕作。但自從日月潭開始進水之後，日本人發現水位還有空間上升，水位陸續升高70呎又到80呎，族人驚見土地越來越少無法維生，於是籌措車資、聘請通譯，請當時魚池庄長陳金龍帶領族人前往臺中州廳陳情，最後給予齟齬坑（益則坑）350甲山地作為邵族人耕作地。當時日本人到齟齬坑進行土地測量時，石阿松還幫忙送過幾次便當。邵族人命運多舛，於齟齬坑的土地，戰後中央政府設立林務局，以造林為由收回土地，邵族人又沒了土地。〔註14〕

目前除了現今德化社為主要邵族聚落，另外在大坪林（今水里鄉頂崁村）也是邵族人聚集地，而這批邵族人原住於頭社，為了躲避傳染病與進行固有的燒墾山田方式，日治初期來到大坪林開墾，計有毛、白、丹姓家族。〔註15〕

池鄉日月村。

〔註12〕石森櫻，〈市地重劃對於傳統祭祀空間的衝擊—以日月潭邵族聚落為例〉（臺北：淡江大學建築學系碩士論文，2004），頁15～16。

〔註13〕陳奇祿，《日月潭邵族調查報告》（臺北市：南天，1958），頁52～53。

〔註14〕張連桂、沈揮勝，《明潭憶舊》，頁94～103。

〔註15〕白潔耆老（1944年生，前日月潭漁會總幹事）報導，白先生認為現今居住於大坪林的邵族人，與當年因為建設日月潭水力發電工程而遷移到此的人關係不大，但筆者爬梳日治時期戶籍資料，發現較多熟番從頭社遷往大坪林的轉居時間為1932年。劉芷瑋口訪紀錄2017年2月5日。

（二）漢人

1934 年日本政府採取隔離政策，禁止邵族人與漢人混居，漢人搬遷地分為三處據點：拔社埔、田中、埔里。

1、拔社埔

筆者爬梳與回顧前人研究時，原本認為完工後的人口遷移，是將漢人移居到田中大新，原住民部分則移居到拔社埔。但經過田野調查與查閱日治時期的戶政資料之後，發現現今拔社埔並無邵族人，多為較早來此地開發的客家族群與小部分 1934 年從日月潭水社搬來的漢人。在田野調查中口訪到從水社搬遷到拔社埔最年長的兩位耆老，一位是黃文章先生（1922 年生），從黃先生口述得知，他於九歲搬到拔社埔，從水社搬出去的漢人分佈於埔里（較有錢人家）、拔社埔、田中（黃老先生印象中只有三戶人家）。搬來拔社埔之前，日本政府曾派了水社村莊裡的族人代表去二水與田中地區勘察，但覺得那邊的地土地不夠肥沃，所以將日本政府配給的田中地區的移民地賣掉搬到拔社埔，而從水社搬來的人大部份住在拔社埔的下糖廍（於現今民和村農會附近）、頂城、與民和國小附近。房屋土地為日本政府配給，而水田的部分是跟當時的大地主石萬春﹝註 16﹞醫生購買。搬到拔社埔後種植水田，一年可以有二次收成，比起以前在水社收成還要好，生活大幅改善。﹝註 17﹞另一位陳其祥（1921 年生），表示 14 歲時從水社搬到拔社埔，以前在水社大部分靠抓魚為生，之後來拔社埔種植水田，認為比較沒有錢的人家才搬來拔社埔。﹝註 18﹞到底哪一年從水社搬遷到拔社埔耆老所述時間不一，再根據日治時期的戶籍資料查證，從水社搬遷到拔涉埔多黃姓人家，其次為陳姓，搬遷時間介於 1934 年 5 月與 6 月之間。

臺灣電力公司退休的黃隆盛（黃家 21 世），聽聞父親說祖先第 15、16 世時已在日月潭定居，住在北旦，主要靠捕魚和務農維生，魚挑到埔里販賣，因為路途遙遠得在木屐囒留宿一夜再返家。1934 年因為建立水庫使他們必須

﹝註 16﹞石萬春（1899 年－1976 年），本籍原居臺中州新高郡集集庄柴橋頭，1927 年搬到社子 18 番地（水里市街上）開設診所。公學校畢業後與兄長一起務農，之後考入臺北工學校，因無興趣轉讀臺北醫專，1926 年在臺中市錦町開業臺中耳鼻咽喉科，1927 年因集集公醫逝世，遷至水裡坑街上開業「仁生診所」。1925 年購入拔社埔土地八十幾公頃，分租給佃農成為拔社埔大地主。尹志宗，《水里鄉志》，526～527 頁。

﹝註 17﹞黃文章耆老（1922 年生）報導，劉芷瑋口訪紀錄 2017 年 2 月 7 日。

﹝註 18﹞陳其祥耆老（1921 年生）報導，劉芷瑋口訪紀錄 2017 年 2 月 7 日。

搬家，日本政府當初給的土地養不活家裡眾多孩子，所以選擇換到拔社埔生活，他就是在拔社埔出生的。從水社地區搬出去的住民大致分佈於三處，經濟情況較好的搬往埔里，其餘的則遷往田中和拔社埔，這樣的說法也與黃文章相同。對於指稱「水社海」，他們稱為「水社嗨仔」，因日月潭不是真正的「海」。而拔社埔也有另一個名稱是「懶惰埔」（臺語發音），因為牛犁田四周角落犁不到，人們又懶得將四周的田地犁耕好，所以田地都是圓形的。〔註19〕

走訪拔社埔後，發現從水社搬來的多為漢人，現住於拔社埔一部分是客家人，一部分是從水社搬來的閩南人，幾乎沒有原住民。

2、田中大新

田中的黃新聯先生（1930年生），原住在北窟（今德化社），五歲時搬到田中。昔稱日月潭一帶為「水社嗨仔」，他家在「水社嗨仔」時，種田、做山和經營中藥局，因日月潭水力發電工程而必須遷移。家族有四房搬到田中大新，第二房則是搬到埔里。日本政府撥給的官有地（現在為田中工業區）緊鄰濁水溪為溪埔地，需要引入溪水改善地力，於是家裡請了上百位工人幫忙整地，中間經歷幾年的過渡期。黃家在田中持有的會社地，是根據1934年搬遷前在日月潭地區所擁有土地價值做交換，能請到上百位工人可見黃家昔日在水社嗨仔是一大家族。不同於日月潭有水氣的調節氣溫舒適，搬到田中之後最難忍受是悶熱的氣候，常使小孩半夜哭鬧。〔註20〕

魚池鄉大林村長賴建成報導，其現居地曾經為臺灣電力株式會社司馬按事務所所在地，他們原居日月潭的「珠仔山」，〔註21〕因為水庫工程必須遷移。舉家遷到田中以後卻無法適應，不到幾個月其祖母以私房錢買入司馬按現居住地。賴村長敘述小時候已無事務所的殘跡，大林村分為四區域分別是：大林、司馬按、電燈、番仔田，日本時代以大林最為熱鬧，為輕便軌道與電氣軌道交會之處。目前番仔田還有有「一磅仔寮」遺跡，為日本時代的火藥庫。〔註22〕

〔註19〕黃隆盛（1947年生，臺灣電力公司退休經理）報導，黃出生於拔社埔，父親任職於臺灣電力株式會社，1950年父親調於臺中東勢，黃他三歲時搬離拔社埔。劉芷瑋口訪紀錄2017年3月10日。

〔註20〕黃新聯（1930年生）報導，劉芷瑋口訪紀錄2017年2月6日。

〔註21〕水位上升前，日月潭中的珠仔山原住四戶人家，島的東側有兩戶賴姓、與一戶楊姓人家，三戶人數大約有二十多人；南側則住綽號「蚯蚓仔」的邵族兄妹。張連桂、沈揮勝著，《明潭憶舊》，頁57～58。

〔註22〕賴建成（1950年生，魚池鄉大林村村長）報導，賴村長說由他往上推四代，已住在珠仔山，當時珠仔山上已無邵族人，為漢人所居住。所謂的『水社嗨

圖 3-1 日月潭發電工程完工前，賴姓家族於珠仔山上的合影。

資料來源：賴建成提供，劉芷瑋 2017.01.26 翻拍。

說明：前排左三為賴見成祖母，前排左四手抱兩個小孩的是祖父。

（三）補償問題

工程原本預定 1934 年 9 月底竣工但卻提前完成，官方公布將於 1934 年 5 月 15 日遷移居民，每戶補償 5 圓。居民認為認為搬遷費不足，重建家屋可能要半年以上，況且還要適應新的生活環境，所以他們對於補償金提出以下要求：1.移住費一人 23 圓（包括衣服與家具的搬運）、新家屋尚未建立完成之前每人平均要有 3 個月 6 圓之租金、免費利用電車及索道搬運傢俱。2.地上物賠償：給予果樹、竹木搬遷時損壞枯死的賠償。3.墳墓改葬費：一座 21 圓。4.移轉後的安家費：移住地之兩三年間，一年最少要有 46 圓的生活補助費。5.湖上的漁業權賠償電力會社僅賠償 2700 餘圓，漁具、船筏也須給予補償。〔註23〕

仔』指的是整個日月潭周圍，祖先住在珠仔山以佃耕梯田維生。劉芷瑋口訪紀錄 2017 年 1 月 21 日。

〔註23〕LJK_03_07_0141915，〈日月潭問題〉，六然居典藏史料，中研院臺史所檔案館，2017 年 3 月 15 日瀏覽。

　　而臺灣電力會社內部資料顯示，水社地區戶數為 170 戶，人口 1,242 人。其分布地名與戶數人口數如表 3-1。〔註 24〕水社收購的土地面積有 151.5807 甲，包含水田（127.64 甲）、旱地（9.1277 甲）、建物敷地（13.1457 甲）、原野（1.2813 甲）、祠地（0.1405 甲）、池塘（0.2455 甲）。關於用地的補償包含土地、房屋、墓地、果樹、水產補償、住民移居補償、其他雜項共計 403,740.86 圓；另外還有其他淹沒地補償如：水尾溪補償、水社淹水道路補償、武界上游補償、用地使用費其他補償等共計 634,336.86 圓。〔註 25〕

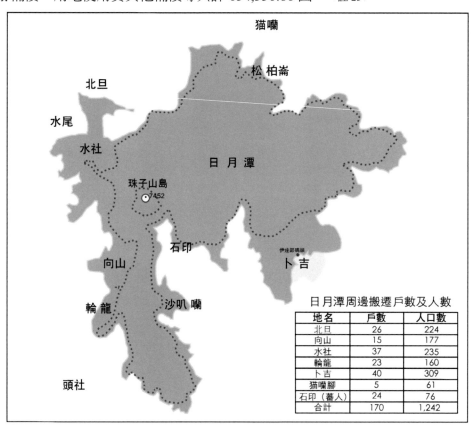

日月潭周邊搬遷戶數及人數

地名	戶數	人口數
北旦	26	224
向山	15	177
水社	37	235
輪龍	23	160
卜吉	40	309
貓囒腳	5	61
石印（蕃人）	24	76
合計	170	1,242

圖 3-2　日月潭地區水位上升後淹沒地區疊圖（劉芷瑋繪製）

資料來源：筆者根據 1921 年臺灣地形圖與 2017 年 google 疊圖重繪。表格資料來源，臺灣電力株式會社，《日月潭水力電氣工事誌》，頁 212。

說明：藍色區範圍為 2017 年日月潭之水域面積，虛線範圍為 1921 年日月潭水域面積。臺灣電力株式會社所統計日月潭周邊搬遷人口數統計，表格中貓囒腳應為貓囒嶺腳。

〔註 24〕臺灣電力株式會社，《日月潭水力電氣工事誌》，頁 211～212。
〔註 25〕臺灣電力株式會社，《日月潭水力電氣工事誌》，頁 213～214。

　　家屋的補償慰問金，也有防止投機的機制，只認定 1931 年 7 月 21 日之前所蓋的建物，之後蓋的不給予慰問金，因可能是刻意想得到補償金或慰問金；另外類似竹架竹棚也不補償。〔註26〕位於蕃地武界區域的カンタパン蕃（布農族卓社群），也因建築武界壩使蕃人住宅沒入水中，決定將 50 戶蕃人移往姊妹原，經過理蕃課的調查大約有 30 甲的土地。〔註27〕而耕作又必須有灌溉水，所以架設 90 餘間（180 公尺）長的鐵管（今萬豐鐵管吊橋）將對岸的水源引入，這樣的工程也是全臺創舉。〔註28〕

圖 3-3　萬豐鐵管吊橋 1（劉芷瑋 2015.01.23 拍攝）

〔註26〕〈10 萬カロー大動力の本源—日月潭水電工是家屋買收費と見舞金（九）墓地の處置と漁業權〉，《臺灣日日新報》，1934 年 4 月 3 日，第 5 版。

〔註27〕《因日月潭工事　沒水地域蕃人五十戶　將移住姊妹原》，《臺灣日日新報》，1931 年 7 月 16 日。

〔註28〕〈武界移住蕃　作田卅甲　藉鐵管灌溉〉，《臺灣日日新報》，1932 年 11 月 29 日，第 4 版。

圖 3-4　萬豐鐵管吊橋 2（劉芷瑋 2017.01.23 拍攝）

說明：位於南投縣仁愛鄉萬豐村。

第二節　發電工程的「勞工」

　　日月潭水力發電工程，是當時臺灣重大的建設工程之一，工區橫跨多個區域，這樣龐大的工程建設需要大量勞力。工程從 1919 開始建設預備工事，如北山坑發電所與其相關交通網絡，但之後因總總問題被迫停工，而 1931 年再次復工後，地方呈現一片向榮但也有諸多紛爭。1931 年復工前夕，日本內地承包商與臺灣島內承包商嗅到其中商機，已展開一場爭奪戰。復工前報紙上常有承包相關報導，臺灣土木承包業者甚至發起陳情運動。〔註29〕但這樣的情況都只是爭奪利益之舉，對於內地之日人承包商或是臺灣島內日人承包商都是少數人的權力爭奪，演變成集團壟斷之事；但民眾更關心的是工程是

〔註29〕〈日月潭問題の雲行險惡に　憤起した全島民 統治上由由しき大問題 中央要路へ猛運動開始〉，《臺灣日日新報》，1929 年 3 月 3 日，第 3 版。

否能順利完成，要如何才能減輕大眾的負擔。〔註30〕最後工程分成七大工區，共有日本內地 2 家承包商，分別是：大林組負責第二工區水頭谷、鐵道工業株式會社負責第六工區日月潭水社；其餘的四家為臺灣島內的日本承包商分別是：鹿島組負責第一工區武界及第三工區過坑、臺灣今道組負責第四工區木屐囒、臺灣高石組負責第五工區司馬按、大倉土木株式會社負責第七工區門牌潭等。〔註31〕

表 3-1　日月潭水力發電工程各工區承包者工事及使用人次數表

工　區	承包者	使用人次數
第一工區（武界）	鹿島組	442,664 人次
第二工區（水頭谷、東埔）	大林組	176,772 人次
第三工區（過坑）	鹿島組	188,383 人次
第四工區（木屐囒）	今道組	193,618 人次
第五工區（司馬按）	高石組	148,224 人次
第六工區（日月潭水社）	鐵道工業	554,077 人次
第七工區（門牌潭）	大倉土木	415,246 人次
合計		2,113,984 人次

資要來源：臺灣電力株式會社，《日月潭水力電氣工事誌》，頁 547、557。

　　1931 年到 1934 年復工期間，承包業者大約有 200 多萬人次，再加上臺灣電力會社本身直屬員工 42 萬人次，〔註32〕一共有 250 多萬人次在日月潭周圍工作生活。當然人員是流動性的，以上的人次僅是所有人次的加總數，並不代表每一日都有這麼多人在工作。另外在《臺灣日日新報》就有針對各地區人數的報導，1931 年日月潭工事復工，開工前期已經吸引大批人員入山，人口集中最多的為水里地區就有 500 人包含：水裡坑 150 人、門牌潭 150 人、外車埕 200 人，另外還有魚池 300 人、埔里街 200 人、武界 300 人、水社 200

〔註30〕〈臺電復興工事　勿拘於和權爭奪　須圖檢大眾負擔〉，《臺灣新民報》，1931年 8 月 15 日，第 2 版。

〔註31〕平田榮太郎，《臺灣電力日月潭工事誌 紀念寫真帖》（臺中：臺南新報埔里支局，1933）。

〔註32〕臺灣電力株式會社，《日月潭水力電氣工事誌》，頁 557～558。公司端使用人次數包含：鐵管製作搬運安裝 15,000 人次、工程監督、電車軌道運轉、維護武界碎石場 300,000 人次、發電所鐵管、橋樑組裝、水門類工程 5,000 人、鹿蒿溪砂石採取作業 100,000 人次。

人，合計將近 1500 人從事工程相關工作，再加上這些工程關係者的眷屬已多達一萬多人進去工區。〔註33〕而大量的人口湧入，雖帶來地方的繁榮，但也衍伸出勞動者的相關問題。

一、勞工來源與組成

早在 1919 年工程初期就有引進「移工」〔註34〕的問題，官方曾討論是否嘗試移入印度支那（法屬印度支那為今中南半島，包含今寮國、柬埔寨、越南）〔註35〕和安南（越南）的苦力〔註36〕相關報導。工程前期，建造材料大部分從高雄港進口，需要大量人力搬運，因此在報紙上募集勞力。〔註37〕同年中部地區事業勃興，有多項工程也正在著手進行，包括濁水溪的護岸工事、日月潭水電工事、海岸線鐵道工事，因勞力缺乏，原本從事糖業牛車搬運的工人，年齡層也下降到 12、13 歲的孩童，或是如埔里社製糖場雇用生番收成甘蔗，付出的工資反而較低廉。〔註38〕臺中的有力人士為了供給日月潭水力發電工程的勞力及物資，1920 年設立資本額 20 萬圓的臺中商工株式會社。〔註39〕初期勞力的來源大致上是臺灣島內從員林、西螺、桃園、新竹前來，也有女性從事搬運磚塊的苦力工作薪水大概是 1 圓 30 錢到 1 圓 70 錢。〔註40〕在魚池地區的勞工一日薪資是 1 圓 60 錢，效率越高的人可以達到 2 圓到 2 圓 50 錢，有些勞力者則是之前從事農業耕種，對於土木相關技術還不熟悉。〔註41〕在運輸不易的山區工作現場，商人反看到其中龐大的商機可獲取利益，

〔註33〕〈水電工事を前に早くも 千五百名入込む 工事著手となれば 入山者一萬人の見込〉，《臺灣日日新報》，1931 年 9 月 17 日，第 3 版。

〔註34〕這裡的「移工」指的是，非住於工區周圍之本居地人，日月潭水力發電工程的求職者甚多包含：內地日本人、本島日本人、承包商承攬內地與本島工人等等。

〔註35〕〈勞働者問題 廳長會議に諮問せん 試驗的對岸苦力輸入〉，《臺灣日日新報》，1919 年 6 月 4 日，第 2 版。

〔註36〕〈安南苦力輸入 近口著臺せん〉，《臺灣日日新報》，1919 年 7 月 12 日，第 7 版。

〔註37〕〈臺南 人夫募集〉，《臺灣日日新報》，1920 年 12 月 17 日，第 4 版。

〔註38〕〈中部勞力缺乏〉，《臺灣日日新報》，1919 年 4 月 30 日，第 6 版。

〔註39〕〈工商會社創立〉，《臺灣日日新報》，1920 年 1 月 17 日，第 4 版。

〔註40〕〈現下の本島勞働界（七）／日月潭の大工事に從事する約四千人の勞働者者（上）貸銀は依然として高いが工事の關係で引下けられぬ／今の狀態〉，《臺灣日日新報》，1921 年 4 月 1 日，第 3 版。

〔註41〕〈現下の本島勞働界（八）／日月潭の大工事に從事する約四千人の勞働者者（中）貸銀は依然として高いが工事の關係で引下けられぬ〉，《臺灣日日新報》，1921 年 4 月 2 日，第 3 版。

其中最有利可圖的是飲食業，當時臺北市場 1 升白米價格爲 20 錢，〔註42〕工地的工人所吃最下等米一升居然要 27 錢，〔註43〕下等米的價格比白米還貴。而豬肉部分，臺南豬肉價格 1 百目（375 克）豬肉攤賣出價錢爲 34～38 錢，〔註44〕而工區賣的價錢是 1 斤（600 克）要價 80 錢，〔註45〕在交通不便的工區商人能賺取暴利。因爲物資需要較高的交通成本始能送達，造成糧食及物價高漲，使苦力生活費提高，還會引發罷工事件，在急需大量人力投入工事時，控制物價是當務之急；甚至有打工獎勵，希望在製糖會社工人可以投入日月潭工程。〔註46〕

1922 年高木社長親赴日月潭視察工事，除了臺灣電力株式會社之直屬員工，其他的苦力由承包商負責，從北山坑發電所到姊妹原一帶工事，大約有 4,000 到 4,500 名工人從新竹或臺中其他地區而來，每人每日工資大約 1 圓 10 錢，雖有人認爲薪資略高，但人力的要求必須是精壯者，作業時間也是早做晚歇，所以這樣的工資是合理的。〔註47〕

1931 年復工前，臺灣電力株式會估計三年內會有五萬人力加入工事，平均一日需要五千名人力。而熟練的苦力工資一日可得 1 圓 50 錢，普通勞役可得 1 圓，勞力來源將會有臺灣人、中國人，而日本內地因不緊氣，也有內地日本人前來。而這些較低層的勞動者，大致上擔任：人力車夫、各工區職工、雜役工、碳坑苦力等等。內地的承包業者招募有技術的朝鮮土木工前來，但這樣的多族群參雜，在管理上也是一大問題。〔註48〕

〔註42〕〈臺北市場米價〉，《臺灣日日新報》，1921 年，3 月 17 日，第 2 版。
〔註43〕〈現下の本島勞働界（八）／日月潭の大工事に從事する約四千人の勞働者（中）貸銀は依然として高いが工事の關係で引下けられぬ〉，《臺灣日日新報》，1921 年 4 月 2 日，第 3 版。
〔註44〕〈臺南／立豚の市價〉，《臺灣日日新報》，1921 年 2 月 24 日，第 4 版。
〔註45〕〈現下の本島勞働界（八）／日月潭の大工事に從事する約四千人の勞働者（中）貸銀は依然として高いが工事の關係で引下けられぬ〉，《臺灣日日新報》，1921 年 4 月 2 日，第 3 版。
〔註46〕〈現下の本島勞働界（九）／日月潭の大工事に從事する約四千人の勞働者（下）勞働者の供給と物價引下が最急務〉《臺灣日日新報》，1921 年 4 月 3 日，第 3 版。
〔註47〕〈水電工事及勞働狀態〉，《臺灣日日新報》，1922 年 1 月 23 日，第 6 版。
〔註48〕〈救本島失業者 苦力需用本島人 水電工事同題重視〉，《臺灣日日新報》，1931 年 7 月 20，第 8 版。

　　當時的臺灣電力株式會社副社長山中義信呼籲，承包業者應當優先使用本島人，因本島人適應本島氣候、工資又低廉，採用本島人較為有利，雖非會社直營工事，電力會社不便強制，但還是希望優先使用本島人。〔註49〕求職者大多來自外地，自確定工程復工後，到魚池、司馬按、埔里等地的求職者甚多，一天可能會有20幾名，也造成魚池及埔里地區旅館客滿的現象。〔註50〕

　　在今日月潭水社壩路旁〔註51〕設有一殉難碑，設立時間為1934年12月日月潭水力工程完工後。石碑正面僅寫殉難碑三字，碑背面敘述立碑緣由，紀念日月潭水力發電第六工區施工期間殉難人員，鐵道工業株式會社立。兩側則為12位殉難人員名錄，包含地址、姓名、年齡，這些殉難人員皆是臺灣本島人，多為二、三十歲的青壯年，其中設籍於魚池庄有6位、埔里街的2位，其餘來自新竹州的中壢郡、竹東郡、大溪郡、臺中州的北斗郡等。〔註52〕工程的意外事故通常與開挖運土填壩有關，由於用土量高，又必須到地勢較低的地方挖取；因坡度陡，運土臺車不易操控，部分工人遭到失控臺車撞上發生意外；或是在開挖土石時，因基部挖空發生土石坍崩被活埋。張連桂回憶，在殉職工人中，有一住在北旦的工人，因突來西北雨，跑到工寮躲雨，卻誤觸電致亡，而他的孩子才剛出生不久。另一次，當時還是孩童的張連桂與幾名玩伴聽到巨大聲響，連忙跑去查看，發現一堆人拿著鋤頭拚命在挖壕溝，從中午挖到下午一點鐘左右，兩名被活埋的工人才被抬出，聽大人說罹難者一名住在頭社，另一位是外地人。〔註53〕筆者從戶籍資料觀察從事與日月工程相關的人，包括會社人員、臺車人夫、商店老闆及僱員、或是旅館酒店工作者多為寄留人口。

〔註49〕〈優先權　應在島人〉，《臺灣日日新報》，1931年7月20日，第8版。
〔註50〕〈日月潭興工　求職者甚多〉，《臺灣日日新報》，1931年7月20，第4版。
〔註51〕殉難碑地點：21號省道64至65公里處，往水里方向。
〔註52〕資料來源：臺灣記憶網站，http://memory.ncl.edu.tw/。引用日期：2017.06.20。
〔註53〕張連桂、沈揮勝著，《明潭憶舊》，頁143～145。

圖 3-5　日月潭水力發電工程殉難碑（劉芷瑋 2015.01.14 拍攝）

　　在走訪田野調查中，本地人也不全然參與工程的工作；像是黃文章家務農、陳其祥家以中捕魚與種田維生，而賴村長家是佃農。筆者長輩曾挑材薪到日月潭第一發電所宿舍區買賣賺取零用錢；而材薪是供炊煮或澡堂燒水使用。莊清順（1914 年生）曾經參與工程建設開挖木屐囒引水隧道（向天圳），1931 年日月潭水力工程再次復工後，因時間急迫所以 24 小時趕工，一天分成兩班，早班從早上 6 點到晚上 6 點，晚班從晚上 6 點到隔天早上 6 點。晚班的工資是平常工資的三倍價錢，約 40 圓至 60 圓，〔註 54〕所以大家爭先恐後，當時附近的村民皆參與，其工作是搬運隧道內的砂石；隧道內搭了一條鐵軌，工人們一人一臺推車，將石頭搬運出。〔註 55〕日月潭水力發電工程的建立，需要大量人力主要來自島內，日本內地與中國、朝鮮亦不乏其人，對於日月潭周圍地區的住民來說，更是提供了很多的工作機會。

〔註 54〕當時口訪莊說 40～60 圓為一日工資，但參考了陳柔縉的《臺灣囍事》附錄，日治時期臺灣物價水準概況，1931 年臺籍女車長月薪為 15 圓，推測莊老先生所說應為月薪。

〔註 55〕莊清順（1914 年生）報導，他當時 20 歲左右，在 1931 年到 1933 年在木屐囒向天圳擔任苦力，搬運隧道內砂石，白天替人耕作農田，晚上六點趕去做工，晚班的工作從晚上 6 點到隔天早上 6 點，平均一天運量為 12 臺臺車，自備飲水及點心。劉芷瑋口訪紀錄 2017 年 1 月 23 日。

二、勞工問題

　　大量勞工的移入也衍伸出社會問題，諸如：勞工薪資被剝削、待遇薪資落差與生活環境惡劣導致勞工逃跑，勞工之間的打鬥、工災意外、風俗店的開設，使原本寧靜的山區也躁動起來。

　　日本作家田村次太郎在 1934 年發表了一篇關於日月潭工事的小說〈日月潭工事〉，內容為某工區苦力們在酷熱、惡劣、不人道的環境下工作，原訂每人薪資每日有 80 錢，但中間的差額被管理者拿去應酬交際，導致苦力拿到的薪水只有 50 錢，卻又被工頭中飽私囊。小說又提到工頭囚禁了一位女人，工頭終日無心工作魂不守舍，在一次的颱風夜有些苦力承受不了而逃跑，卻跌入山谷死亡，而工頭的女人也不知去向，被私吞的薪水又不見蹤跡，最後工頭自殺身亡。〔註 56〕雖然故事未點出第一工區武界，但內容的描敘讓人容易聯想；工程單位的資金層層剝削、勞力榨取、生活被監視、勞工逃跑必須承擔的風險，一一在小說中披露令人難以置信。這樣的事件實際上的確實發生，根據《臺灣新民報》報導：工程復工後，水社、司馬按、東埔，每日使用的勞工有數千名，工作的時間從早晨到黑夜，長時間的工作時間，每日得到的薪水只有 7、80 錢，一個月發放一次薪水，勞工們還需要支付三餐雜費，而工區附近有提供人夫的仲介單位，收取一成的手續費，輿論認為壓榨勞工必須改革，應改為每十日發放工資，避免中間詐取，以維護工人權益。〔註 57〕另外報紙還披露多起逃跑事件，從日本內地招募來的土木工人，原本每日支付 2 圓到 3 圓，來到臺灣後無法適應氣候罹患瘧疾，所以被縮減薪資，日給 1 圓或 1 圓 20 錢，其中還必須扣除一日 65 錢餐費，支領的薪水甚少，無法寄回日本內地，所以趁機逃出，到臺中市役所及警察署請求保護，並設法幫忙他回到內地。〔註 58〕甚至還有 30 名人夫徒步從南投逃到臺北派出所，得到警察的同情，幫忙募款籌措旅費讓他們搭船回日本。〔註 59〕其中第一工區武界

〔註 56〕黃美娥主編、田村太次郎著、王敬翔譯，〈日月潭工程〉，《臺灣原住民族關係文學作品選集（1895～1945）》（臺北市：行政院原住民委員會，2013），頁 352～377。

〔註 57〕〈新高 電力工事人夫 工金多被榨取〉，《臺灣新民報》，1931 年 10 月 10 日，第 9 版。

〔註 58〕〈日月潭工事內地人 土木工逃出請保護 為病瘧不能送金於其家族〉，《臺灣日日新報》，1932 年 2 月 28 日，第 3 版。

〔註 59〕LJK_03_07_0141915，〈日月潭問題〉，六然居典藏史料，中研院臺史所檔案館，2017 年 3 月 15 日瀏覽。

被形容成爲監獄，根據調查從 1932 年 1 月到 11 月有多達 77 名勞工逃出；〔註60〕還有因爲不滿監督行爲集體鬥毆事件。〔註61〕工安意外也頻繁，像是運載過量電車翻覆人員傷亡；工人從索道高處墜落而死、隧道爆破、火藥爆炸導致坑夫死傷等事件一再躍上新聞版面。一名 K 記者從 1932 年 9 月在《臺灣日日新報》連載〈職業戰線潛行記〉共 10 篇，主要報導一路從魚池、司馬按到武界工區，工夫在工事現場的生活體驗，面臨工災、颱風天災造成交通中斷、毒蛇出沒、染上風土病、死亡等等。〔註62〕

　　武界第一工區因陸續有工人逃跑事件，爲了改善惡評，臺中州能高郡警察課約談鹿島組及大林組的工頭，〔註63〕改善以下事項：

〔註60〕〈監獄部屋でなければ　何故彼等は逃ばる？臺中市民を困らす武界脱出者一月から七十七名に達す〉，《臺灣日日新報》，1934 年 1 月 25 日，第 7 版。

〔註61〕〈武界の毆り込み事實に非ず　不正工事もない電力會社の釋明〉《臺灣日日新報》，1933 年 2 月 11 日，第 7 版。

〔註62〕〈職業戰線潛行記（三十）日月潭の工事場で　工夫生活を體驗　北海道で鍊へ上げた自信？武界の飯場から（1）〉，《臺灣日日新報》，1932 年 9 月 10 日，第 7 版。〈職業戰線潛行記（三十一）日月潭の景氣を魚池の料亭に觀る，登山靴で天晴れ現場姿，日月潭の工事場か（2）〉，《臺灣日日新報》，1932 年 9 月 11 日，第 7 版。〈職業戰線潛行記（三十二）命を保證しない，恐しい電車乘る，工事場附近は毒蛇の威脅，日月潭の工事場から〉，《臺灣日日新報》，1932 年 9 月 13 日，第 7 版。〈職業戰線潛行記（三十三）肘鐵砲どころか，全治二週間の傷，凄じい勢の工事場の女，日月潭の工事から〉，《臺灣日日新報》，1932 年 9 月 14 日，第 7 版。〈職業戰線潛行記（三十四）司馬按の宿舍で，天變地異に遭ふ，交通杜絕の凄に幾日間，日月潭の工事から〉，《臺灣日日新報》，1932 年 9 月 15 日，第 7 版。〈職業戰線潛行記（三十五）遊び手がなくて，上つたりの料亭，その代り夜の倶樂部は大賑やか，日月潭の工事場か〉，《臺灣日日新報》，1932 年 9 月 17 日，第 7 版。〈職業戰線潛行記（三十六）現場主任から，土方氣質を聽く，現場監督の下ツ端を拜命して，日月潭の工事現場から〉，《臺灣日日新報》，1932 年 9 月 20 日，第 7 版。〈職業戰線潛行記（三十七）現場風呂浸り乍ら，氣焰をあげる親分，痛快な啖呵の切りつぶり，日月潭の工事から〉，《臺灣日日新報》，1932 年 9 月 21 日，第 7 版。〈職業戰線潛行記（三十八）坑口が崩れても，一向平氣な工夫頭，外の奴らが狼狽へたのサ，日月潭の工事場から〉，《臺灣日日新報》，1932 年 9 月 22 日，第 7 版。〈職業戰線潛行記（三十九）爆破の危險を知りず，『馬鹿野郎』を頂戴，架空ケーブルで漸く埔里へ，日月潭の工事場から〉，《臺灣日日新報》，1932 年 9 月日 23，第 7 版。

〔註63〕〈漸く乘出した警察　親分連に注意　武界の監獄部屋脱走者の惡評に　配下の意見も聽取懇談〉，《臺灣日日新報》，1932 年 12 月 2 日，第 3 版。

1. 設備改善加裝防蚊裝置：全區用餐場所、本島人苦力小屋裝設防蚊裝備、設置排水溝、改善餐廳共用廁所、雇用餐廳衛生人員一名。
2. 改善診療所。
3. 增加囑託醫。
4. 患者歸國處置。
5. 訂定療養費及藥價。
6. 娛樂設備：設收音機、相棋、增加報章雜誌。
7. 食膳制度的改革：訂定勞動者的營養攝取。
8. 監督物品配給所的價格是否有嚴重暴利行為。〔註64〕

三、水裡坑社子人口的消長

　　臺灣總督府從 1903 年起到 1934 年止，每年出版《臺灣現住人口統計》，1934 年後因戰爭動員，許多人並不在其戶籍地，改成《臺灣常住戶口統計》共計 40 冊，以一年為期的人口異動情形之統計，可進行前一年與當年現住人口，男女數與總數做比較；也可進一步區分個街庄的臺灣人、日本人、外國人一年內的出生、轉入、死亡、轉出人數等。1905 年總督府設置臨時臺灣戶口調查部，每五年調查一次，分別在 1905 年、1915 年、1920 年、1925 年、1930 年、1935 年、1940 年舉辦了 7 次的戶口調查；前兩次稱臨時臺灣戶口調查，之後五次改稱國勢調查。主要內容包含：各型層級之人口數、祖籍、族群、國籍、婚姻狀況、年齡層分布、職業別、吸食鴉片、纏足、殘疾人口等。〔註65〕

　　由於人口統計數依行政區為單位，需要先釐清不同年代的行政區域。以 1920 年的行政區域改制為劃分，本研究區域日治前期屬南投廳下的集集堡、五城堡、埔里社堡；後期屬臺中州轄下的新高郡與能高郡；新高郡內的集集庄與魚池庄，及能高郡的埔里街。因範圍橫跨多個行政區域，本節即探討 1919 年到 1937 年前後臺中州新高郡集集庄大字社子（水裡坑，今水里鄉）之人口消長情形，也就是日月潭第一發電所（今大觀發電廠）與日月潭第二發電所（今鉅工發電廠）的位置。

〔註64〕LJK_03_07_0141915，〈日月潭問題〉，六然居典藏史料，中研院臺史所檔案館，2017 年 3 月 15 日瀏覽。
〔註65〕邱正略，《日治時期埔里的殖民統治與地方發展（上）》（新北市：花木蘭出版社，2016），頁 212～213。

　　日治時期水裡坑並非一個獨立的行政區，1920 年之前社子隸屬於南投廳
－集集堡—社子庄，1920 年地方行政區改制之後，形成州－郡－街庄三級地
方制度，臺中州新高郡集集庄轄下大字包含：隘寮、林尾、集集、柴橋頭、
社子、拔社埔六個大字。從圖 3-6 觀察，社子（水裡坑）總人口數從 1905 年
到 1920 年人數爲緩增情勢，1921 年到 1931 年無大字社子的人口數，但依集
集庄總人口數來看，這段時間集集庄總人口數持續增加；1932 年社子人口數
明顯增多，與日月潭水力工程復工有關，1935 年水裡坑又建設日月潭第二發
電所人數小幅提升，至 1937 年日月潭第二發電所完工人數略爲減少，但到
1938、1939 年人數再度增加。

1905-1943年社子與集集庄總人口數

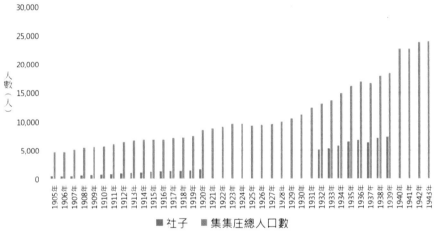

圖 3-6　1905 年～1943 年集集庄社子（水裡坑）人口成長圖

資料來源：臨時臺灣戶口調查部，《臺灣現住人口統計》1905～1906 年，（出版地不詳：
臨時臺灣戶口調查部）；臺灣總督府總督官房統計課，《臺灣現住人口統計》1907～1911
年，（出版地不詳：臨時臺灣戶口調查部）；臺灣總督官房統計課，《臺灣現住人口統
計》1912～1916 年，（出版地不詳：臺灣總督官房統計課）；臺灣總督官房調查課，《臺
灣現住人口統計》1917～1933 年，（出版地不詳：臺灣總督官房調查課）；臺灣總督官
房調調查課，《臺灣常住戶口統計》1934～1937 年，（出版地不詳：臺灣總督官房調查
課）。臺灣總督府官房企劃部，《臺灣常住戶口統計》1938～1939，（出版地不詳：臺
灣總督官房企畫部）；臺灣總督府企劃部，《臺灣常住戶口統計》1940～1941，（出版
地不詳：臺灣總督府企劃部）；臺灣總督府，《臺灣總督府第四十六統計書》，（出版地
不詳：臺灣總督府，1944 年）。

說明：由附錄 3-1 製成，1921 年到 1931 年與 1940 年到 1943 年無大字人口統計，該
段僅有集集庄總人口數。

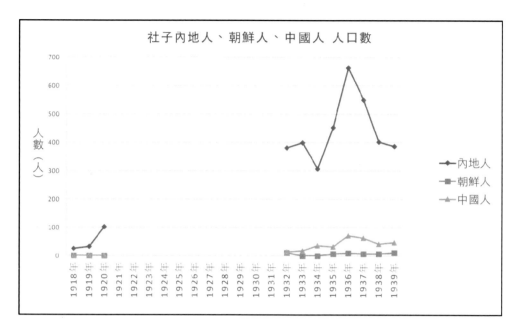

圖 3-7　集集庄社子（水裡坑）之內地人、朝鮮人、中國人數折線圖

資料來源：資料來源：臺灣總督府官房調查課，《臺灣現住人口統計》1917～1933 年，
（出版地不詳：臺灣總督官房調查課）；臺灣總督官房調調查課，《臺灣常住戶口統計》，1934～1937 年，（出版地不詳：臺灣總督官房調查課）；臺灣總督官房企劃部，《臺灣常住戶口統計》，1938～1939 年，（出版地不詳：臺灣總督官房企劃部）。

說明：1921～1931 年無大字之本島人、內地人、朝鮮人、外國人人數統計，故無法判斷該時期不同種族人口統計

　　若另將人口類別分開來看從圖 3-7 觀察，集集庄內社子的日本人、朝鮮人、中國人的人口數明顯變化，1919 年到 1920 年日本人增加，原因為 1919 年開始建造日月潭水力發電工程，可能為臺灣電力株式會社之日本職員進入社子；1932 年工程復工到 1934 年發電所完工，日本人陸續離開，但 1935 年水裡坑又建立日月潭第二發電所，大量的日本人再次湧入，直到 1937 年完工，日本人又逐漸離開。而朝鮮人與中國人於 1932 年工程復工相繼來到社子，其中國人又比朝鮮人多。由於 1921 年到 1931 年無大字人口數，無法判斷中間是否因為停工內地人口數減少。本島人的部分觀察圖 3-8，人口數在 1931 年後開始爬升，直到 1937 年日月潭第二發電所完工導致人口離開。但因日月潭水力發電工程期間帶來的工程景氣，使水裡坑市街的發展興盛，勞工聚集於水裡坑；大量人潮的湧入，也出現將水里溪填埋造地的建議，甚至希望可以

增設街庄。〔註66〕雖然1937年工程結束後水裡坑人口數有減少之勢，但在1938年人口數又再度升高，之後總督府於 1942 年決定將水裡坑納入都市計畫範圍，〔註67〕1943年認可都市計畫街路鋪設工程，〔註68〕但隨即太平洋戰爭爆發，水裡坑都市計畫也總督府被納入防空建築規則第27條的指定區域中。〔註69〕

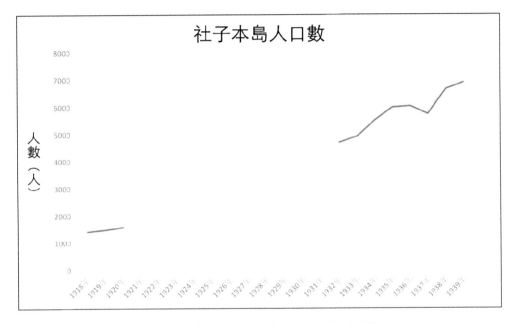

圖 3-8　集集庄社子本島人口數折線圖

資料來源：同圖 3-5

說明：1921～1931 年無大字之本島人數統計，故無法判斷該時期種族人口統計。

〔註66〕〈新高水裡坑 駸駸發展 將成郡中心〉，《臺灣日日新報》，1935 年 2 月 21 日，第 8 版。

〔註67〕〈水裡坑都市計畫區域及都市計畫決定〉，《府報》，第 4446 號，1942 年 3 月 21 日，頁 147。

〔註68〕〈水裡坑都市計畫事業實施計畫認可〉，《府報》，第 296 號，1942 年 3 月 31 日，頁 151。

〔註69〕同樣被總督府納入防空建築規則的指定都市計畫區有：羅東、草山、瑞芳、板橋、蘇澳、竹東、竹南、苗栗、公館、中壢、桃園、豐原、員林、斗六、虎尾、新營、東港、鳳山、馬公等區。〈防空建築規則ノ規定二依ル區域指定〉，《府報》，1944 年 7 月 1 日。

第三節　發電工程的臺電員工與宿舍區

　　除了來來去去的勞工之外，臺灣電力株式會社也為員工在偏僻的山區打造宿舍。日本從明治維新時期開始，從歐洲學習工業技術、建築技術、都市計畫的方法等等。西方工業革命之後，有些企業家選擇在偏遠的郊區興建工廠，打造「工業村」（industry village），在這工業村內包含工作環境，也提供宿舍、商業、信仰、教育等空間，提供居住者一個較安全、衛生的環境；像是英、法、德都有類似的工業村型態。日本人也效仿歐洲的工業村模式，使日本開始引進工業村的觀念，1926 年日本工業學會出版的《工業管理論》中提到，工廠設置的地點需考量生產過程對勞力、原料、運輸、河流、氣候等不同需求，設置位置區分為，都市、郊外、地方三種類型。都市的工廠因就近有公共設施，所以附屬設施相對較少；而郊區工廠配有設施有：社宅、醫院、講堂等；地方工廠設施考量需求又比郊區多包含：飲用水、衛生下水道、社宅、福利設備等。〔註70〕

　　這樣的模式也影響日治時期臺灣，目前尚保留有許多日式宿舍，包含官舍的宿舍，和民營公司宿舍，諸如：臺電宿舍、糖廠宿舍、鹽場宿舍等等。以製糖廠為例，必要的廠區設施包含：1.行政設施：辦公室；2.生產相關設施：新式製糖場、倉庫、蜜糖槽等；3.交通設施：火車站；4.住宅：內地人住宅、本島人住宅；5.民生設施：販賣部、理髮店；6.醫務所；7.文教設施：學校、神社；8.娛樂設施：俱樂部、公園、運動設施、集會所；9.公共浴場；10.警察分駐所；11.郵便局等。〔註71〕臺灣電力株式會社的宿舍區也有類似的空間形式，日月潭水力發電工程範圍位在臺灣中心的山區，從工程建設時人員的進駐，到完工後發電所的運轉都需要人員輪班待命，在交通不便的地區會社提供宿舍；在工程初期住宿區分為內地人、本島人、番人都有各的居住區。在宿舍方面又分為臨時的宿舍，像是司馬按的臨時建設部辦公室，雖是臨時的大辦公室，但裡面設備齊全，之後 1934 年工程結束即拆除；另一種則是像日月潭第一發電所與第二發電所較有規模的永久宿舍區。這樣的宿舍群也發展出小型的社區型態，稱之為社宅街，〔註72〕「社宅」（しゃたく）為日文漢字，意思為公司提供之宿舍。

〔註70〕陳佩琪，〈日治時期臺灣新式製糖工廠空間之研究〉，頁 7～24。

〔註71〕陳佩琪，〈日治時期臺灣新式製糖工廠空間之研究〉，頁 62。

〔註72〕「社宅街」一詞乃沿用熊本縣立大學辻原万規彥教授的演講，2013 年 9 月 25 日於臺灣師範大學地理學系演講：「臺灣製糖工業社宅街空間復原：運用地理資訊數位典藏」。

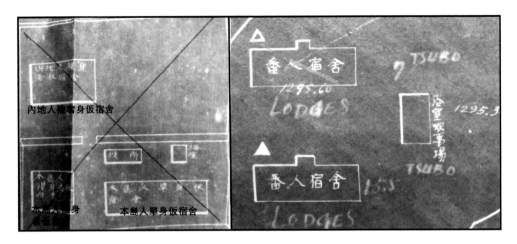

圖 3-9　發電所臨時宿舍配置圖

資料來源：臺灣電力公司新莊倉庫典藏提供。

說明：左圖名「門牌潭發電所仮倉庫變壓器組立小屋並二番人社宅」，「仮」爲臨時的意思，區分本島人與内地人不同宿舍區，又分成單身與非單身者。右圖名「門牌潭宿舍配置圖」。圖中畫 X 部分可能是配置圖修改後留下，因工程初期爲臨時配置的宿舍。

一、臨時宿舍區

　　日月潭水力工程工區幅員遼闊，參與工程人員眾多，所以在某些工區設有臨時的宿舍區，在工程完成後即拆除。司馬按建設事務部爲工程首要辦公室，位於今日魚池鄉九族文化村入口附近，在土木技師堀見末子回憶錄中提到，司馬按建設本部設有：事務室（辦公室）、宿舍數棟、醫院、學校、郵便局、請願巡查宿舍、俱樂部、附屬工場、製材所、碳燒窯，工程人員與工人都入陸續進駐，承包商的事務所、宿舍、和商人的店鋪都設立在周圍。〔註73〕有時總督府的官員會來視察，而會社爲了這些官廳人員，在偏僻的山區工作，特別設置娛樂室，一部分規劃成住宿使用，一部分規劃成撞球室與棋室；住宿接待費由會社支出，俱樂部的則由電力會社職員共同經營。〔註74〕其餘較具規模的臨時宿舍區，還有位於武界工區的干卓萬與第二工區大林組的水頭谷。這些臨時的宿舍區都於工程結束後陸續拆除。

〔註73〕堀見末子著、向山寬夫編，《堀見末子土木技師－臺灣土木の功勞者》（東京：堀見愛子，1990），頁 426～427。

〔註74〕堀見末子著、向山寬夫編，《堀見末子土木技師－臺灣土木の功勞者》，頁 431。

二、永久宿舍區

日月潭第一發電所和第二發電所相繼於 1934 年與 1937 年竣工，因發電量較大，機械設施和工作人員人數眾多，其宿舍區機能完整。發電所廠區配置，分成電力設施區與生活住宿區兩大部分。設施部分以發電所的機房為主，內含龐大的機器組件，水輪機、〔註75〕發電機、控制室、外部有水壓鐵管路、放水路、水槽、〔註76〕餘水路、屋外變電所；還有維修小型器械鍛冶工場或修理工場，以及存放機器以外的雜物倉庫等。宿舍區包括：宿舍（官舍社宅、電工宿舍、合宿所）、共同浴室、俱樂部、神社、事務所、醫務室、病院、貯水池、下水道。〔註77〕

其中醫務室和病院則在大型的宿舍區設置，不限於臨時或永久宿舍區的分類。保健醫護設施，區分為一般治療機構與瘧疾防治機構。一般治療機構為一般病患治療，考慮到工區人員與交通等問題，將醫務局設置於司馬按，服務對象不止從業人員，一般的外來的民眾一樣給予診療，而司馬按有專屬的醫師由會社直營，藥價、開刀費、住院費都只收取成本。其餘在武界、門牌潭、水社三處各設醫務所，由公司約聘特約醫師，給予補助與住宿，對其經營不加干涉。另外水頭谷、過坑區域的病患，因為到埔里較方便，所以會社與公立醫院辦理特約服務。而瘧疾防治機構則是考量工區位於山區，為了防止瘧疾，在武界、水社、司馬按、門牌潭設立防治事務所，由政府經營，其經費與房屋由州廳與會社負擔。不論是否為會社員工，或是該地區民眾，如患有瘧疾皆免費給藥治療；會社員工可充分得到治療，但對於承包業者或是一般住民，除借助政府力量否則很難達到防治效果，所幸駐在警察時常到現場勘查，督促實施防治措施，詳細調查並給予必要的指導，才在防治作業上大有進步。〔註78〕可以說是會社與政府、民眾三方互助得利的關係。在偏遠的山區有如此的醫療設施，對於會社職員有保護作用，對於當地民眾也得到醫療機會。

〔註75〕 水輪機為水力發電之主要機器，依落差與水流量大小選擇適當水輪機型式。日月潭第一發電所使用的是帕氏橫式水輪機，共有五部，每部馬力為33,000 馬力。

〔註76〕 水槽分為頂槽與平壓槽，頂槽：讓流水中的土砂能進一步沈澱，以及排除水流中的垃圾和木片；平壓槽：可以吸收水壓的變化，保護水路及壓力隧道不受水壓變化造成破獲。

〔註77〕 王麗凤，〈日治時期臺灣電力之研究〉（中原大學建築研究所碩士論文，2004），頁 4～21。

〔註78〕 臺灣電力株式會社，《日月潭水力電氣工事誌》，頁 559～564。

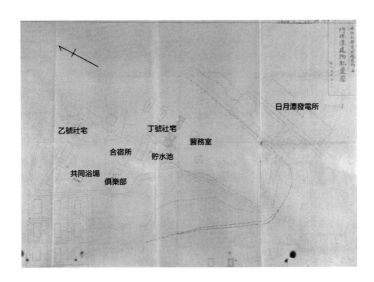

圖 3-10　日月潭第一發電所建物配置圖

資料來源：臺灣電力公司新莊倉庫典藏提供。

說明：日月潭第一發電所（門牌潭發電所）建物配置圖，發電廠緊鄰宿舍區設施含有：
醫務室、貯水池、合宿所、俱樂部與共同浴場。

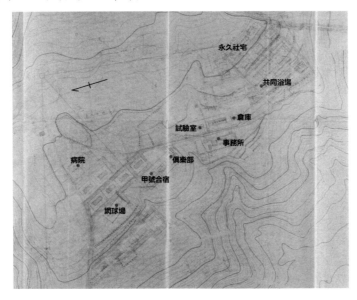

圖 3-11　　日月潭第二發電所宿舍配置圖

資料來源：臺灣電力公司新莊倉庫典藏提供。

說明：日月潭第二發電所宿舍區設置於發電廠的東南方山區，設施鑑於主要道路兩
旁，包含病院、網球場、合宿所、俱樂部、事務所、試驗所、倉庫和宿舍群等。

三、構內神社的建立

　　社宅街內大部份爲電力會社的日本職員爲主，爲了祈求電廠運作平安順利，與人員心靈上的慰藉；日本人也帶入其宗教文化，在廠區內建立神社稱爲「構內神社」、「構內社」。〔註79〕日月潭第一發電所內的構內神社，在《臺灣日日新報》稱作門牌潭神社，於 1935 年 2 月舉行鎮座式，奉祀水神與火神。〔註80〕而在《日月潭水力電氣工事誌》中有詳細的記載並有寫眞，神社名稱爲「日月社」位於發電所前面社宅敷地內的高地上，奉祀三位守護神：大山祇神、水波能賣神、大雷神。〔註81〕日月社於戰後不久被拆除，日月社原位於戰後所建的大禮堂右側籃球場邊，〔註82〕1980 年代因另新建大觀二廠（抽蓄發電），該大禮堂位於目前控制大樓（辦公室）前方廣場，旁邊的變電所附近爲過去籃球場區。〔註83〕

圖 3-12　大觀發電廠（2017）與日月潭第一發電所構內社——日月社

資料來源：左圖爲 Apple 地圖（2017）。右圖爲臺灣電力株式會社，《日月潭水力電氣工事誌》。

說明：左圖爲 2107 衛星空照圖，圖中標示的大禮堂、籃球場是設大觀二廠（抽蓄發電）之前的建物位置。日月社位於戰後興建的大禮堂右側籃球場邊，大禮堂於 1980 年代因建蓋抽蓄發電廠拆除，目前爲控制大樓辦公室前方；而日月社位於今變電所附近。

〔註79〕「構內」爲日文，意思爲：境內、場內、園內。日本資本家從日本請來傳統神明，移到會社內祭拜。

〔註80〕〈門牌潭神社鎮座式〉，《臺灣日日新報》，1935 年 2 月 9 日，第 3 版。

〔註81〕臺灣電力株式會社，《日月潭水力電氣工事誌》，無頁碼。

〔註82〕朱文明，《戀戀青山憶大觀　臺灣大觀分校百年校友會紀念冊》（臺灣電力公司大觀分校校友會，2011），頁 46。

〔註83〕林志玄（1947 年生，臺電退休人員）報導，劉芷瑋口訪紀錄 2017 年 4 月 11 日。

　　日月潭第二發電所廠區內也有一構內社遺址，構內社地鎮祭於 1937 年與日月潭第二發電所竣工式合併舉行，構內社位於鐵管路左側高臺上〔註84〕（今鉅工發電廠入口處旁階梯上方）。可見石燈籠、手洗舍、本殿基座等遺跡。

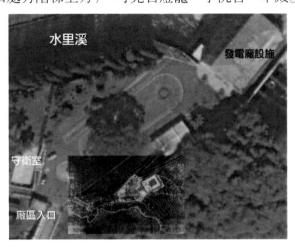

圖 3-13　日月潭第二發電所之構內社與今空照疊圖

資料來源：〈日月潭第二發電所神社配置圖〉，臺灣電力公司新莊倉庫典藏。Apple 地圖，2017

圖 3-14　日月潭第二發電所之構內社遺跡

資料來源：劉芝瑋 2015.12.12 拍攝

說明：編號 1 為通往構內社階梯、編號 2 為通往構內社本殿第二層階梯、編號 3 為石燈籠基座遺跡、編號 4 鐵網內有高壓電塔為構內社本殿基座遺跡、編號 5 為手洗社遺跡、編號 6 為石燈籠遺跡。

〔註84〕　〈日月潭第二發電所建設工事竣工式之記〉，《臺灣電力株式會社社報》第 163
　　　　號，1938 年 2 月 1 日，頁 7。

　　另外武界鹿島組工區，也建立鹿島神社。《臺灣日日新報》寫道：「日月潭電力工事第一工區武界的鹿島組為將於武界北堤的工事場，濁水溪的右岸山上興建鹿島神社的堂宇，定於二日午後 3 時起，恭請埔里街的小池神官代理，舉行莊嚴的鎮座式，今後作為北堤守護神，祈求保佑工事的安全達成；而工事完成後，神明不僅守護北堤也可以成為蕃地武界一帶的守護神。」〔註85〕今日武界水庫壩頂上方旁有一土地公廟——安寧宮，筆者於 2015 年 1 月初到武界壩旁的土地公廟，未設有安寧宮沿革碑，同年 12 月再次到訪已立武界安寧宮沿革碑說明：日本人為了保境平安、工作順利，於壩區山上建立神社供奉水神，戰後日人遣返剩八名臺籍員工，將神社遷移到壩頂上方旁，後來被置換為土地公廟保安堂，1960 年重修更名為安寧宮。

圖 3-15 鹿島神社舉行慰靈祭式

資料來源：平田榮太郎，《臺灣電力日月潭工事紀念寫真帖》（臺中：臺南新報埔里支局，1933），頁 26。

說明：1933 年 5 月 2 日，干卓萬鹿島神社為工事犧牲人員 38 名舉行慰靈祭儀式，由祭典為委員長藤村久四郎朗讀祭文。

〔註85〕〈武界北堤に 鹿島神社の 堂宇建立〉，《臺灣日日新報》，1932 年 9 月 6 日，第 3 版。

　　發電所區域內設有構內神社，除了武界區的神社戰後被改爲土地公廟之外，還有今萬大發電廠的洞內宿舍區的保和宮所在地也爲神社遺址；其餘還有北部新龜山發電所（今桂山發電廠）、與竹子門發電所廠區內皆有神社遺址。〔註86〕

圖 3-16　武界壩頂上方旁之土地公廟——安寧宮

資料來源：劉芷瑋 2015.12.12 拍攝。

〔註86〕王麗夙，〈日治時期臺灣電力之研究〉，頁 4～22。

第四章 水力發電工程帶動的商機

　　日月潭水力發電工程，湧入大批人員有兩個時期，一是 1919 年開始建設初期、另一個是 1931 年復工時期。工程興工時期為日月潭周圍帶來商業的生機，商人雲集，勞工湧入，商店、料理亭在街上矗立。集集線鐵道在 1921 年完工後，為交通帶來便利，使物產與人員能快速流通，帶動地區物產：樟腦、香蕉、糖、木材外銷，1930 年代交通更趨完善使本島人和內地人開始活絡觀光旅遊與登山活動，以下將依序討論。

第一節　商業發展與地方建設

　　1931 年日月潭工事復工，吸引大批人員入山，大量人潮湧入為地區帶來商業的活絡氣息。為了慶祝日月潭發電工程復工，西村增吉招攬臺中、埔里、魚池、外車埕、水裡坑、集集等地區店家，聯合印製 54×79 公分、雙面的「祝日月潭電力起工紀念聯合廣告」。〔註 1〕一面為日月潭、新高山、霧社附近案內地圖及照片，另一面是商家聯合廣告，其中埔里地區有 55 家刊登，魚池地區有 32 家、水裡坑地區 31 家、外車埕 5 家、集集 9 家、臺中市 43 家。依據各地區刊登廣告店家類別來分析，埔里地區因人口多，刊登祝賀廣告店家也多元，除了料理、飲食店與旅館還有醫院、文具店、自動車商會、洋貨雜貨店等等，其中還有臺灣製糖株式會社，與彰化銀行埔里店也一同祝賀；水裡坑地區因眾多勞工進出頻繁，食、住與貨運最為重要，住的方面以簡陋價格

〔註 1〕　T1023-0009，〈祝日月潭電力起工紀念聯合廣告〉，郭双富庋藏，中研院臺史所檔案館，2017s 年 5 月 1 日瀏覽。

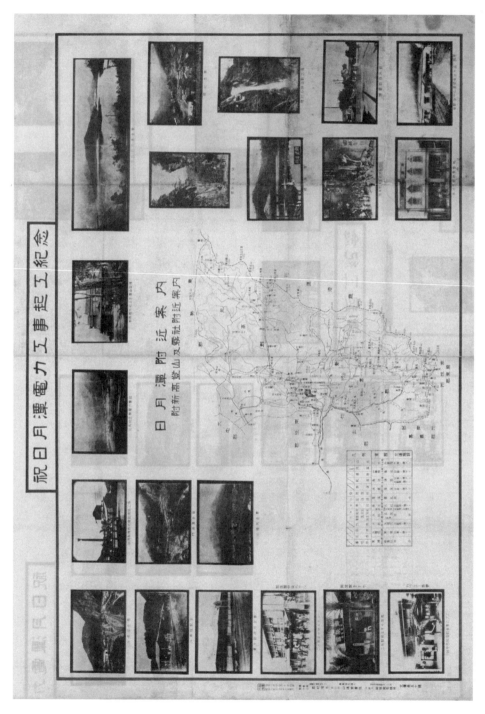

圖 4-1 祝日月潭電力工事起工紀念聯合廣告正面（1931）

資料來源：此圖檔為埔里鎮圖書館——埔里文庫提供。原圖檔為郭双富先生典藏。

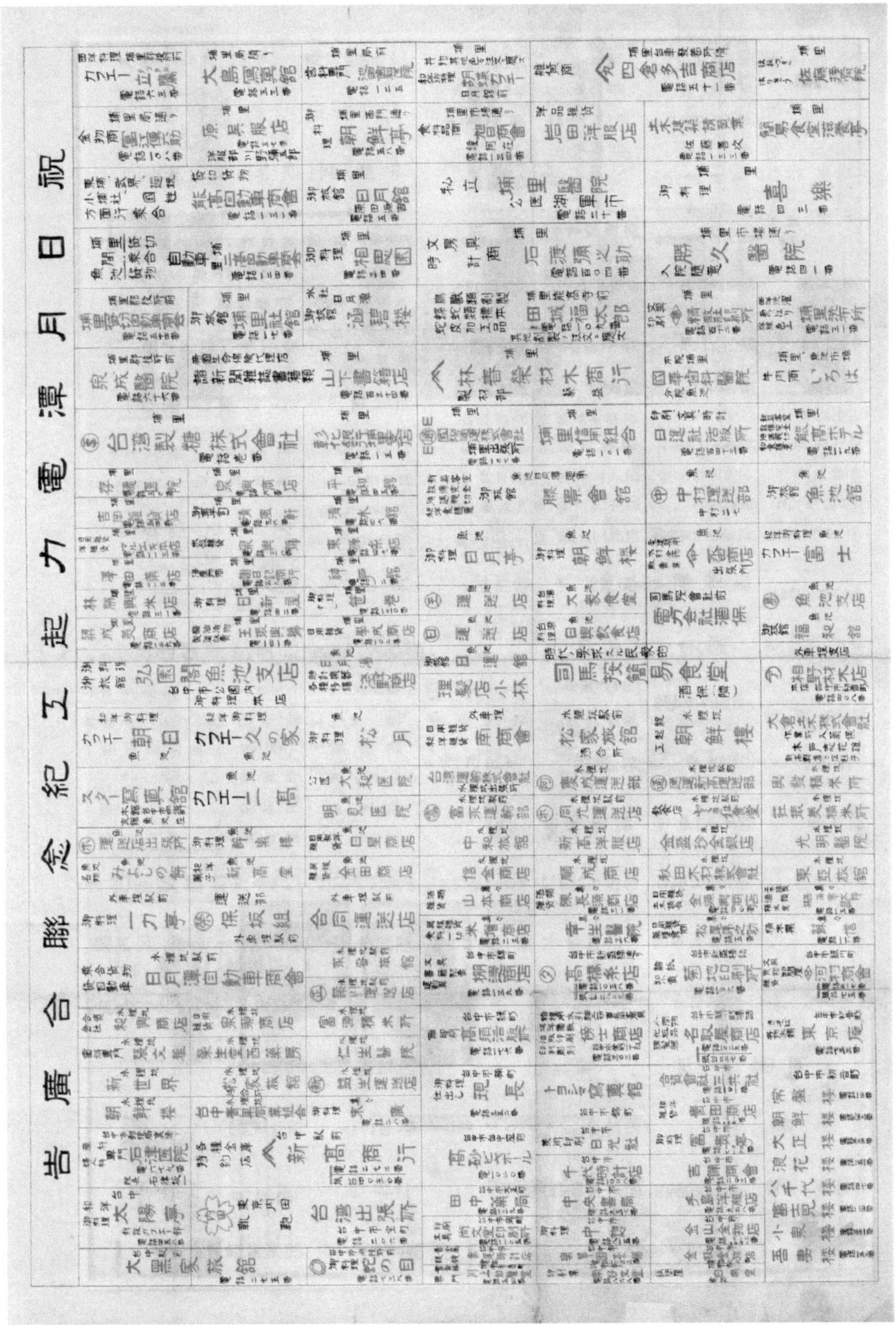

圖 4-2 祝日月潭電力工事起工紀念聯合廣告背面（1931）
資料來源：此圖檔爲埔里鎮圖書館——埔里文庫提供。原圖檔爲郭双富先生典藏。

低廉的販仔間最多；魚池地區以料理飲食店家最多，其次為旅館和運送店；
而臺中市屬都市地區臺中州廳所在地，臺中車站又為縱貫線轉入集集線鐵道重
要的前導站，並作為物資集散地，再加上求職介紹所帶入許多求職者，〔註 2〕
為臺中市帶來繁榮的景象，〔註 3〕使其店家最多樣化，像是有啤酒屋、印刷店、
化妝品專賣店、紙的專賣店、五金行等等；水裡坑則以運送店最多其次為旅
館和料理店；以下先以運送業來討論。

一、集集線鐵道小運送業的發達

　　「小運送業」為一種陸路運輸型態，是銜接鐵道、軌道貨運輸送的行業，
承接收送及裝卸貨物的工作。貨物的運送流程為：送貨人－小運送－（火車
站－鐵路－火車站）－小運送－收貨人。〔註 4〕1928 年取得營業許可的大小運
送店有 480 多家，其他組合外非公認有資格的運送店有 800 多間，營業者的
比例本島人佔 70%，剩餘的 30% 為日本人所經營，其中有五大會社包括臺灣
運輸株式會社、株式會社日東商船組、日本通運株式會社、株式會社丸一組、
臺灣倉庫株式會社獨佔 7 成鐵道大宗貨運。小運送業也稱作「運送店」，主要
運輸物品為：煤炭、米、砂糖、肥料、芭蕉實（香蕉）、木材等。日治時期臺
灣小運送業發達，主要原因創業門檻低，有的運送店只有一臺車和一臺秤即
可營業；另一原因是臺灣鐵交通日趨完善，鐵道普及，汽車運輸便利。〔註 5〕
　　集集線鐵道沿線運送店發達，濁水站 4 間、隘寮站 2 間、集集站 4 間、
水裡坑站 6 間、外車埕站 6 間，（參見表 4-1）其中後藤運送支店為連鎖營業，
於濁水、水裡坑、外車埕皆有分店。〔註 6〕後藤運送的經營者為日人增澤深治
（1878～1944），二十歲左右來臺，在嘉義、斗六白手起家開始經營運輸業，
1906 年合資會社後藤運送店，1912 年之後運送業開始發展，而之前他的努力

〔註 2〕〈臺中の職業介紹所 歲末から求人增加 世間の好景氣を偲ばせる〉，《臺灣日
　　　　日新報》，1929 年 1 月 19 日，第 2 版。
〔註 3〕〈以日月潭為背景 臺中市協議繁榮策〉，《臺灣日日新報》，1931 年 7 月 1 日，
　　　　第 4 版。
〔註 4〕王珊珊，〈日治時代小運送業與臺灣倉庫株式會社〉，《臺灣風物》57：1（2007），
　　　　頁 126～127。
〔註 5〕羽生國彥，《臺灣小運送業發達史》（臺北市：臺灣交通協會，1941），頁 461
　　　　～463。
〔註 6〕山田京三郎，《臺灣海陸交通運輸便覽》（臺中市：海陸運新聞社臺灣支局，
　　　　1928），頁 63～66。

也奠下穩固的基礎。增澤深治擔任過二水製材株式會社社長、埔里社製酒會社監查役、埔里社特產會社監查役、南投興業會社監查役，1920 年當選二水庄協議會員。〔註7〕同時他也是一位植物專家，在二水庄設立一所專門研究熱帶植物的機構，在二水車站北側創立增澤熱帶果樹園。〔註8〕水裡坑經營運送業的蔡阿益與其弟蔡鐵龍原居二水，蔡鐵龍隨著兄長蔡阿益循著集集線鐵道在水裡坑開設運送店，隨著木材與香蕉的產量日漸擴大，他們所經營的運送店也蒸蒸日上，成為集集與水裡坑一帶的巨賈。蔡鐵龍日治時期擔任，水裡坑合同運送株式會社專務取締役、臺中州青果同業組合評議員、水裡坑保甲聯合壯丁團長等。〔註9〕戰後蔡鐵龍由商界投入政界，當選臺中縣參議會參議員，1950 年當選的一屆南投縣議會議員並當任議長，先後又出任南投商會理事長、木材同業公會理事長、運送業同業公會理事長，對南投縣工商會的發展給予貢獻。〔註10〕

　　筆者由水裡坑地區日治時期戶籍資料發現，運送店人員多為寄留人口並集中於車站附近；這些運送店依附於鐵道，工作內容包括承接貨主貨運、將貨物分門別類配送到各地、與鐵道端接洽車廂數量、貨物搬運上下火車、倉儲相關事宜等。有的運送店日治時期股份為日人、臺人各半，戰後仍延續經營如「水裡坑運輸公司」。〔註11〕水裡坑輸送物品以木材與香蕉為大宗，車站上午先堆疊木材，外銷的香蕉則從下午四、五點堆疊到深夜，半夜十二點之前火車就會將這些貨運運載出去到基隆港或是高雄港出口。〔註12〕

表 4-1　集集線鐵道運送店概況

鐵道站	組合所屬	店名會社名	營業者	記號	備註
濁水	臺灣運輸組合第二區	南營運送店	店主：吳東漢	㊅	
濁水	臺灣運輸組合第二區	丸盈運送店	店主：許賀	㊉	

〔註 7〕內藤素生編纂，《南國之人士》（臺北：臺灣人物社，1922），頁 229。
〔註 8〕周宗賢總編纂，《二水鄉志》（彰化：彰縣二水鄉公所，2002），頁 818～819。
〔註 9〕興南新聞社，《臺灣人士鑑》（臺北市：興南新聞社，1943），頁 169。
〔註 10〕周宗賢總編纂，《二水鄉志》（彰化：彰縣二水鄉公所，2002），頁 818～819。
〔註 11〕戰後政府將日權股份接收，轉為半官半民營，之後售出股權才成為民營。
〔註 12〕陳俊傑，《南投縣集集線鐵道興衰調查》（南投：南投縣文化局，2002），頁 36～38。

濁水	臺灣運輸組合第二區	後藤運送支店	店主：增澤深治	㋮	
濁水		丸中運送店	店主：莊川水	中	
隘寮	臺灣運輸組合第二區	南興運送店	店主：王松根	南	
隘寮		丸夕運送店	店主：蕭喜	夕	
集集	臺灣運輸組合第二區	株式會社後藤組出張所	社長：川合良男 主任：米增辰吉	㋮	內國通運株式會社代理店
集集	臺灣運輸組合第二區	集集興產株式會社運送部	專務取締役：張大江 主任：陳阿火	興	集集庄協議員 臺灣青果會社代理代 新高郡蓄產品
集集	臺灣運輸組合第二區	三和組運送部	店主：劉三和	サ	
集集		集林運送店	林正壹	介	
水裡坑	臺灣運輸組合第二區	後藤運送支店	店主：增澤深治	㋮	
水裡坑	臺灣運輸組合第二區	日臺商會運輸部	店主：芥川善次	台	
水裡坑	臺灣運輸組合第二區	林盈運送公司	代表者：陳進 主任：林金波	林	
水裡坑	臺灣運輸組合第二區	金田運送店	店主：蔡阿益	夕	株式會社後藤組代理店
水裡坑	臺灣運輸組合第二區	高運公司	代表者：吳龍輝	新	
水裡坑		永順運送公司	陳戾	夕	
外車埕	臺灣運輸組合第二區	隆順運送支店	店主：蘇新伏	高	
外車埕	臺灣運輸組合第二區	丸盈運送支店	店主：許啓泉	盈	
外車埕	臺灣運輸組合第二區	振源運送店	店主：黃元	坤	
外車埕	臺灣運輸組合第二區	後藤運送支店	店主：增澤深治	㋮	
外車埕	臺灣運輸組合第二區	保坂運送支店	店主：保坂監次 主任：王雨金	榮	

外車埕		泉源運送部	張吳運	㋒	

資料來源：山田京三郎，《臺灣海路交通運輸便覽》（臺中市：海陸運新聞社臺灣支，1928），頁 63～66。

說明：臺灣運輸組合爲一組織 1908 年成立，主要加強小運送業合作關係，加入業者可成爲總督府鐵道部專屬的運輸業者。

二、地方建設與設施

受到日月潭水力發電工程復工，日月潭周圍的水裡坑、魚池庄、埔里街的市況日漸繁盛，商家店面林立，料理屋與旅館生意興榮。水裡坑的第一家戲院於 1929 年底開幕，由地方人士劉金鐘集資建設劇場，佔地 140 坪，花費將近 8,500 圓。〔註 13〕爲了因應大量人口進駐，地方人士向官方請願設立郵局，〔註 14〕也希望利用電力會社電柱架設電話，〔註 15〕官方終於在 1933 年 3 月 10 日在水裡坑新設了集集郵便局分局，〔註 16〕同年 5 月開通電話。〔註 17〕在 1932 年公路開通後，水裡坑到埔里間的郵件便能利用自動車（汽車）運送，中午前就能抵達埔里，縮短郵件配送時間更加便民。〔註 18〕除大型設施設立外，水裡坑市街車站周圍與外車埕站附近，商業活絡，雜貨商、運送業、遊技場、撞球間、料理屋、理髮店、裁縫店、中藥行、糕餅店林立，非常熱鬧。

新高郡魚池庄原本爲偏僻地區，因受 1931 年日月潭水力工程復興影響，吸引當地及外來商人開設商店與妓館，在原本的空地或是山邊崎嶇地，雇用勞工築屋。〔註 19〕庄役場附近的商店如雨後春筍般出現，光是咖啡店就有 16 間，有些包含女給（女服務生），13 間遊戲場、1 家劇場、1 間溫泉浴場、10 間料理屋、3 間旅館和一些飲食店等。而旅館大部分非臺灣人開設，旅客多感

〔註 13〕〈水裡坑に新劇場〉，《臺灣日日新報》，1930 年 2 月 2 日，第 5 版。

〔註 14〕〈郵便局設置請願〉，《臺灣日日新報》，1931 年 7 月 14 日，第 3 版。

〔註 15〕〈水裡坑外車埕 電話開設計畫〉，《臺灣日日新報》，1931 年 12 月 19 日，夕刊第 2 版。

〔註 16〕〈集集郵便局の水裡坑出張所新設〉，《臺灣日日新報》，1933 年 3 月 7 日，第 7 版。

〔註 17〕〈佳冬の郵便出張所電話交換事務開始〉《臺灣日日新報》，1933 年 4 月 26 日，第 7 版。

〔註 18〕〈埔里郵便物 午前得配達 用自動車運搬〉，《臺灣日日新報》，1932 年 11 月 16 日，第 8 版。

〔註 19〕〈魚池莊建築熱〉，《臺灣新民報》，1931 年 10 月 10 日，第 9 版。

不便，之後地方人士也加入經營，建築設備齊全的旅店。〔註 20〕其他設施也在籌議，像是司馬按的水道設施、郵便局、銀行、小學校等；計畫市街整治，陸續有自動車運輸、人力供給等新興公司成立。官方考慮到大量人員進入後的社會治安問題，而增加 15、16 名的警察人員。〔註 21〕1931 年 11 月 3 日魚池郵便局開幕，〔註 22〕1933 年 4 月 5 日電話開通，〔註 23〕解決了東埔、武界、過坑、木屐囒、司馬按、水社、頭社等附近一代的工程人員郵件收取問題，同時也為地方民眾帶來便利。〔註 24〕

埔里地區也是各方商人匯集，但因市區狹窄無法容納，所以必須另闢附近陸軍用地，增建 26 間簡易店舖，花費大約 1,600 圓，這些店舖位於市街，所以每間租金可達 12 圓，一年就有 3,744 元的租金收入，可以說是街役場的一項新財源。〔註 25〕由於每日通往埔里的汽車與卡車頻繁，街道沙塵飛揚，所以埔里街役場還得雇用數名苦力，每日沿街灑水，防止飛塵。〔註 26〕當然工程也造成一些民怨，臺灣電力會社在埔里地區的農地強裝電燈柱，導致農事受影響。地主與會社散宿所〔註 27〕主任協調賠償金，但後來會社不但未實行允諾又擅自加設 5、6 支電柱，地主因交涉失敗只好找上郡役所司法主任來仲裁，但會社端無誠意解決事情；之後陸續又有兩三位受害者對會社提出損害賠償訴訟。〔註 28〕

1919 年開始建立日月潭水力發電工程，中間經歷停工時期，停工期間地方就出現不景氣現象，像是集集地區就有商人低價拋售榻榻米，旅館和料理屋都慘淡經營；〔註 29〕埔里地區也有經濟不振情況，也歸因於日月潭工程終

〔註 20〕〈魚池勝景會館開業〉，《臺灣新民報》，1931 年 12 月 19 日，第 9 版。
〔註 21〕〈電力工事を 目前に 有頂天の魚池 手具脛ひいて水商賣人 世の景氣は此處へ集中！〉，《臺灣日日新報》，1931 年 9 月 4 日，第 3 版。
〔註 22〕〈新設の魚池郵便局 事務取扱から事務開始〉，《臺灣日日新報》，1931 年 11 月 3 日，第 7 版。
〔註 23〕〈日月潭に公眾電話開通〉，《臺灣日日新報》，1933 年 4 月 9 日，第 3 版。
〔註 24〕〈埔里、魚池地方の 郵便集配か便利となる〉，《臺灣日日新報》，1931 年 11 月 19 日，第 3 版。
〔註 25〕〈街役場別 開新財源〉，《臺灣新民報》，1931 年 12 月 5 日，第 9 版。
〔註 26〕〈街路撒水不足〉，《臺灣新民報》，1931 年 12 月 5 日，第 9 版。
〔註 27〕日治時期的「散宿所」為今日的臺灣電力公司服務所（站）。
〔註 28〕〈埔里電力會社背信地主將要吃虧〉，《臺灣新民報》，1930 年 3 月 29 日，第 7 版。
〔註 29〕〈日月潭工事放棄の噂に威脅された 集集方面の不景氣 山を下る者日にまし增加 疊六枚が八十錢で捨賣〉，《臺灣日日新報》，1925 年 8 月 5 日，第 2 版。

止。〔註30〕1931 年日月潭水力發電工程復工之後，爲地方帶來的工程景氣；所謂「工程景氣」指的是，因爲建設工程帶來的經濟繁榮現象生產力增加、失業率減少；但也可能隨著工程的中斷或結束經濟活絡現象也隨之終止，屬於一種短期性的興旺。所以工程帶來的景氣影響可能隨著工事而興，隨著工程結束而沒落。

第二節　集集線鐵道帶動的「物流」

集集線鐵道全長 29.7 公里，起自縱貫線二水站經鼻子頭（今源泉）、濁水、隘寮（今龍泉）、集集、水裡坑（今水里）至外車埕（今車埕）。當年興建此鐵道主因並非爲了改善南投內山連結西部平原的交通問題，而是 1919 年總督府爲了興建日月潭水力發電工程而建設鐵道，將工程所需的土石建材與發電設備，從西部地區運往當時交通不便利的日月潭山區。1919 年 12 月由臺灣電力株式會社開始興建，1921 年完工，初期僅提供貨運與建材運輸 1922 年才開始載客。1927 年日月潭水力工程因資金短缺造成延宕，臺灣電力株式會社以 373,000 圓〔註31〕轉賣給總督府鐵道部，成爲鐵道部所管轄之集集線。集集線鐵道除了運送日月潭水力工程建材、工程所需物資，對於南投境內的產物流動助益極大，可使產品從內山向外運輸到臺灣各地甚至遠渡重洋到日本。當時以樟腦、木材、香蕉、糖業爲主，以下針對這四項產業加以討論。

一、樟腦業

臺灣自清代開始製腦事業發展，初期大部分在桃竹苗地區，1860 年也在中北部的竹塹、後壠、大甲設置腦館，從事樟腦事業的匠首、匠人、隘丁、製腦業者均以客籍居多。1890 年代樟腦擴展至集集、埔里、宜蘭、恆春等地，採腦工作從桃竹苗地區轉移到中部山區，客家人也隨著樟腦事業遷移至南投國姓、埔里，魚池、中寮、水里等地。〔註 32〕集集地區樟腦事業發展，可推

〔註30〕〈煙草の賣行から見た　全島各地方の景氣　嘉南大圳の御陰で　嘉義地方は大增加　日月潭工事の中止で　埔里地方は不振〉，《臺灣日日新報》，1925 年 10 月 30 日，第 2 版。

〔註31〕渡部慶之進著、黃得峰譯，《臺灣鐵道讀本》（南投：國史館臺灣文獻館，2006），頁 76。

〔註32〕戴寶村，《樟腦、鴉片與專賣制度產業文化展示資料調查》（臺北：臺灣博物館，2009），頁 29。

至清代的 1878 年苗栗之客籍人士林阿琴移居社子庄（今水里鄉）設置腦寮，並招募客家人前來製腦。當時集集地區尚未設立收購樟腦之腦館，故所生產的樟腦工人必須挑至鹿港販賣，1884 年英國人與一臺南人士沈鴻傑集資，於集集才開設腦館——瑞興棧，各地製腦人士陸續前來，兩三年後瑞興棧轉讓另一英國商人改名爲怡記棧。1886 年又一德國人聘請臺南人是高拱辰來集集街開設東興棧，1891 年～1892 年英國商人又陸續開設公泰棧、嗂記棧、昌記棧、慶記棧、仁沙棧、公和棧、美打棧等；臺灣人士開設則有定記棧、錦勝棧、大修棧等，當時集集地區就有 13 家腦館，〔註 33〕日治時期之前集集街有 23 家商店經營腦業，〔註 34〕樟腦事業達到顛峰。

日治初期，臺灣總督府將樟腦設爲專賣事業，驅逐德、英等外國人在臺樟腦勢力，1899 年 6 月 10 日公布「臺灣總督府樟腦局官制」在臺北、新竹、苗栗、臺中、林杞埔、羅東等六處設置樟腦局，掌理樟腦及樟腦油的收購、檢驗、配售等。〔註 35〕1900 年 7 月臺北樟腦局升格爲樟腦總局，其他各局改爲分局，並設立督察所，1901 年臺灣專賣局成立，樟腦事業併入。爲了節省成本，在專賣局的主導下，1919 年成立臺灣製腦株式會社，將全島各地製腦業者統一，並於集集街設立「集集出張所」，其他包含立該社直轄的新店詰所（臺北廳新店街）、蘇澳出張所（宜蘭聽蘇澳庄）、大料崁出張所（桃園廳大料崁街）、新竹出張所（新竹廳新竹街）、東勢角出張所（臺中廳東勢角庄）、嘉義出張所（嘉義廳嘉義街）、六龜里出張所（阿猴廳六龜里庄）、花蓮港出張所（花蓮港廳花蓮港街）、成廣澳出張所（臺東廳成廣澳庄，今臺東成功）等，〔註 36〕負責樟腦生產管制事宜。自從 1803 年德國人發明人造樟腦，已爲天然樟腦一大勁敵；人造樟腦大國爲德國和美國，德國在第一次大戰至大二次大戰期間人造樟腦大量輸出。〔註 37〕1930 年以樟腦爲原料的賽璐珞〔註 38〕

〔註 33〕佚名，〈集集堡紀略〉《臺中州街庄要覽輯存》（臺北：成文出版社有限公司，1985），頁 13～14。

〔註 34〕林滿紅，《茶、糖、樟腦業與臺灣之社會經濟變遷（1860～1895）》（臺北：聯經出版事業股份有限公司，1997），頁 173。

〔註 35〕戴寶村，《樟腦、鴉片與專賣制度產業文化展示資料調查》，頁 71～73。

〔註 36〕臺灣製腦株式會社，《第一回營業報告書（自大正八年五月一日至大正九年三月三十一日）》（臺灣製腦株式會社，1920），頁 1～5。

〔註 37〕楊選堂，《臺灣特產叢刊第十種 臺灣之樟腦》（臺北市：臺灣銀行經濟研究室，1952），頁 61。

（Celluloid）工業興起，排擠天然樟腦。〔註39〕爲了與人造樟腦對抗，與降低生產成本，1934 年總督府收購臺灣製腦株式會社，轉爲臺灣總督府專賣直營，〔註40〕並於臺北、新竹、臺中、嘉義、花蓮港設立專賣支局，宜蘭、大湖、集集、埔里、六龜、玉里設置出張所。〔註41〕

在運送方面，清末時期中部樟腦產地包含集集、埔里、林圯埔一帶，樟腦由陸路挑至鹿港、塗葛堀、梧棲，再運至淡水；或先集中在集集，用牛車運至濁水溪旁，利用竹筏經水路運至北港再到安平。〔註42〕日治初期，大稻埕（淡水港、基隆港）與安平（安平港、鹿港）爲兩大集散地，從集集街先運往鹿港，再利用戎克船或是小蒸汽船運送到大稻埕，之後向外輸往香港和神戶。〔註43〕集集線鐵道完成後，這些樟腦利用鐵道運輸更加便利，集集驛、水裡坑驛、外車埕驛三站，是主要的樟腦配送點。〔註44〕

觀察圖 4-3 可知，雖然樟腦出張所設置於集集，但水裡坑與外車埕更靠近山地，運送量皆大於集集站。1930 年後樟腦輸出的產量遞減，主要與人造樟腦盛行有關，爲了節省開支，1931 年臺灣製腦株式會社開始裁減社員、僱傭員，各地出張所也進行整併縮減，而專賣局提供的樟腦補償金也就隨之降低，所謂的補償金爲總督府依據各地製腦業者的收支，依據利潤程度進行固定價格收購，以過去兩年內樟腦集散地的時價平均價格爲基礎，考量製腦業者的生產費、搬運交通費，並依等級上、中、下訂出收購價格。〔註45〕而 1932 年

〔註38〕賽璐路（Celluloid）一種熱塑性塑料，容易加工可染色，20 世紀初廣泛應用，包括眼鏡、梳子、鈕釦、假牙、撞球、文具、玩具類製作等等。

〔註39〕何鳳嬌，〈赤司初太郎在臺灣的樟腦經營〉，《臺灣學研究》16（2013），頁 8。

〔註40〕臺灣總督府專賣局，《臺灣の專賣事業 昭和九年》（臺北：臺灣總督府專賣局，1934），頁 48～49。

〔註41〕臺灣總督專賣局，《專賣事業第 36 年報 昭和 12 年度》（臺北：臺灣總督府專賣局，1938），頁 29。

〔註42〕林滿紅《茶、糖、樟腦業與臺灣之社會經濟變遷（1860～1895）》（臺北：聯經出版事業公司，1997），頁 136。

〔註43〕楊馱駿，〈日治時期臺灣樟腦業的發展──以產銷爲中心的觀察（1895～1918）〉（臺北：國立臺北大學歷史學系碩士論文，2012），頁 59～60。

〔註44〕南投縣政府，《南投縣集集線鐵道興衰調查》（南投市：投縣文化局，2002），頁 32～33。

〔註45〕臺灣總督府史料編纂委員會，《臺灣樟腦專賣志》（出版地不詳：臺灣總督府史料編纂委員會，1924），頁 175。

補償金又再次調降一成，生產費就連帶降低而影響輸出量。〔註46〕1934年樟腦轉由總督府轉賣直營後產量又逐漸上升，但臺灣天然樟腦在市場上已被人造樟腦取代，樟腦產業全盛期已不復見，又因第二次大戰期間生產停頓、器械拆除或損壞，〔註47〕臺灣樟腦事業已逐漸失去世界舞臺。圖4-4為樟腦1934年後轉由總督府專賣後的支局與出張所腦灶數（直條圖）與腦丁人數（折線圖），可以發現腦灶數量最多的集中於中部地區的集集出張所、臺中支局和臺北支局與埔里出張所等。相對應腦丁人數部分，集集出張所管轄的腦丁數也最多，筆者查閱水里地區日治時期戶口資料，發現有大量的從腦業者，並多為男性腦丁。

表4-2　集集線鐵道各站樟腦、腦油輸出量（1927年～1937年）（單位：噸）

年份 ＼ 車站	濁水	隘寮	集集	水裡坑	外車埕
1927年	--	--	38	439	652
1928年	--	--	45	370	768
1929年	--	--	65	477	856
1930年	--	--	67	670	834
1931年	--	--	70	750	550
1932年	--	--	40	430	340
1933年	--	--	36	600	450
1934年	--	--	66	655	644
1935年	--	--	220	594	976
1936年	--	--	204	585	788
1937年	--	--	364	377	636

資料來源：臺灣總督府鐵道部，《臺灣總督府鐵道部年報·統計表》（1927-1937）
說明：--代表數量為0。1937年之後鐵道部統計表未有樟腦輸出量統計。

〔註46〕何鳳嬌，〈赤司初太郎在臺灣的樟腦經營〉，《臺灣學研究》16（2013），頁24～27。
〔註47〕戴寶村，《世界第一·臺灣樟腦》（臺北市：臺灣博物館，2009），頁84。

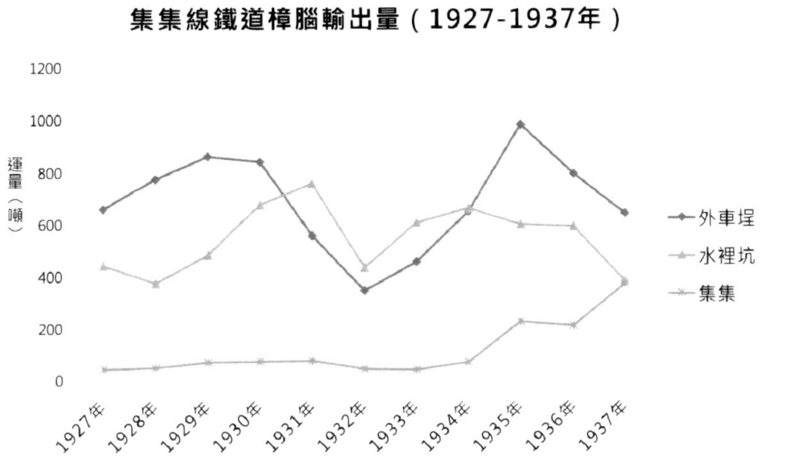

集集線鐵道樟腦輸出量（1927-1937年）

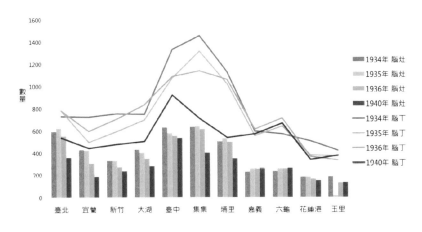

圖 4-3　集集線鐵道樟腦輸出量（1927 年～1937 年）

資料來源：臺灣總督府鐵道部，《臺灣總督府鐵道部年報・統計表》（1927～1937）。

說明：根據表 4-2 所製。

腦灶數與腦丁人數

圖 4-4　1934～1936、1940 年官設支局與出張所腦灶數與腦丁人數

資料來源：臺灣總督府專賣局，《臺灣總督府專賣局事業第 36 年報》（臺北：臺灣總督府專賣局，1938），頁 30。臺灣總督府專賣局，《臺灣總督府專賣局事業第 37 年報》（臺北：臺灣總督府專賣局，1939），頁 7。臺灣總督府專賣局，《臺灣總督府專賣局事業第 38 年報》（臺北：臺灣總督府專賣局，1940），頁 9。臺灣總督府專賣局，《臺灣總督府專賣局事業第 42 年報》（臺北：臺灣總督府專賣局，1944），頁 11。

說明：無專賣局第 39～41 年報，僅統計第 36～38、42 年報。直條圖爲腦灶數量，折線圖爲腦丁人數。

二、香蕉業

　　日治時期由於消費增加、交通發達，香蕉在市場上成爲極有利潤的作物，產量增加，以臺中州、高雄州、臺南州爲三大主要產地。臺中州香蕉栽培發達最早，產額佔全島產量一半以上，1912 年到 1925 年生產量佔全島 80%以上；到 1926 年因高雄州香蕉開始發展，產量降至全島 60%以下，但還是居全島之冠。高雄州因氣溫高適合香蕉栽種，1925 年因高雄港、橫濱間直達航路開通，高雄與東京交通更趨於便利；1940 年產量佔全島 61.3%，已經超過臺中州產量。臺南州因受到臺中州影響而開始栽種香蕉，但因雨水不足產量不高，1912 年到 1926 年佔臺灣產量 10%，1934 年後產量維持在全島 8%左右。〔註48〕

　　日本因位處溫帶，對熱帶果物香蕉種植不易，1902 年有少量香蕉透過商船送往日本門司和神戶。1903 年神戶出生的青果商人梅古直吉，利用臺中廳塗葛堀港（已消失於今臺中龍井）的軍用船將香蕉送往日本神戶，不幸失敗；另外基隆商人都島金次郎也試著將香蕉送往日本，最後無疾而終。1908 年梅古氏再次嘗試並多方市場調查，在 1909 年縱貫線全面通車，交通運輸更加便利後，再次將香蕉運輸日本，獲得佳績。同業者看到商機紛紛投入，因此香蕉移出量每年遞增，香蕉栽培業也越來越普及。〔註49〕

　　日治初期香蕉之買賣都須透過中間業者，蕉農與消費者並不直接聯繫；爲了管控賣買品質，與建立運輸流程，1915 年臺中廳首創成立「中部臺灣青果物移出同業組合」，1921 年 7 月改稱「臺灣青果同業組合」，中間經歷組織的更替，1924 年 11 月組織改稱「臺中州青果同業組合」。〔註50〕爲了控管品質，組織下面設有檢查所，檢查要點有七點：1.成熟度過者、2.外皮損傷，運輸途中有腐敗之虞者、3.因病害蟲導致外皮污損者、4.外型不佳者、5.採收後經久置者、6.判定不宜輸移者等；檢查員經檢查後分類合格與不合格，並將合格品分爲五個等級爲：特等、一等到四等，另外個等級有其記號印於包裝上。〔註51〕

〔註48〕黃永傳，〈臺灣之穹蕉〉，《臺灣之香蕉 臺灣特產叢刊第四種》（臺北市：臺灣銀行金融研究室，1949），頁 15～19。

〔註49〕臺中州青果同業組合，《二十年史》（臺中市：臺中州青果同業組合，1938），頁 1～2。

〔註50〕今井昌治，《臺中州青果同業組合》（臺中：臺中州青果同業組合，1938），2～3。

〔註51〕今井昌治，《臺中州青果同業組合》，頁 17～18。

　　臺中州香蕉產量爲全臺之冠，1916年臺中廳檢查所有臺中、員林、南投、豐原等；1919年集集設立香蕉檢查所，〔註52〕到1927年臺中州已有19所香蕉檢查所包括：臺中、霧峰、石岡、員林、田中、二水、竹山、南投、集集、草屯、社頭、永靖、東勢、中寮、豐原、名間、埔里、大坑、國姓等，〔註53〕1928年增設水裡坑檢查所，〔註54〕1938年已多達31所。〔註55〕從圖4-5看出檢查所位置與輸送路線，香蕉採收到檢查所之後，利用臺車或自動車從山地運往平地，新山與郡坑口兩檢查所利用輕便軌道將香蕉運送到水裡坑站；而在1932年未設魚池檢查所之前，魚池庄五城區栽培將近兩千甲的芭蕉，也是運送到水裡坑檢查所，〔註56〕再轉由集集線鐵道運送出去。

表4-3　檢查所至集集線鐵道站

檢查所	集集線鐵道接續站
中寮	集集站
集集	集集站
隘寮	隘寮站
水裡坑	水裡坑站
郡坑口	水裡坑站
新山	水裡坑站
魚池	外車埕站
埔里	外車埕站

資料來源：今井昌治，〈臺中州青果同業組合檢查所配置略圖・粁程表〉，《臺中州青果同業組合概況》（臺中：臺中青果同業組合，1938）。

〔註52〕黃永傳，〈臺灣之穹蕉〉，《臺灣特產叢刊第四種　臺灣之香蕉》，頁16。
〔註53〕臺中州役所，《臺中州要覽（昭和二年）》（臺北：成文出版社有限公司，1985），頁93。
〔註54〕〈臺中/設檢查所〉，《臺灣日日新報》，1928年5月20日，第4版。
〔註55〕臺中州青果同業組合，《二十年史》，頁33～34。
〔註56〕〈新高郡五城に請在地設機關檢查芭蕉〉，《臺灣日日新報》，1932年7月2日，第8版。

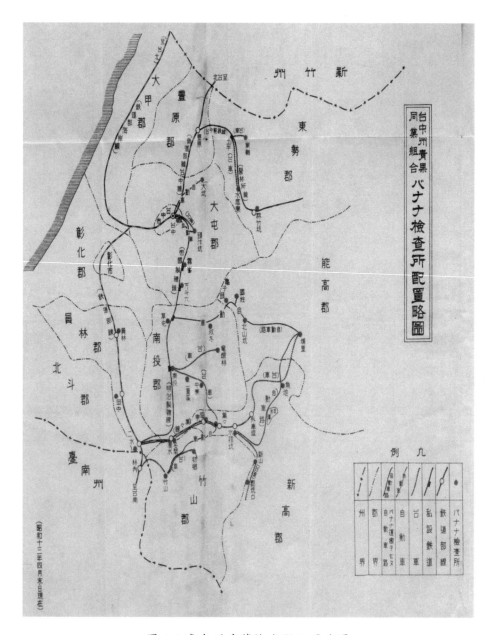

圖 4-5 臺中州香蕉檢查所配置略圖

資料來源：今井昌治，〈臺中州青果同業組合檢查所配置略圖〉，《臺中州青果同業組合概況》（臺中：臺中青果同業組合，1938）。

　　觀察表 4-4 集集線鐵道各站，芭蕉主要運輸站主要還是集集站與水裡坑站。1935 年隘寮檢查所成立，隘寮站也開始有芭蕉的輸送；埔里檢查所1927 年設立，魚池檢查所 1935 年設立，當時靠著輕便軌道將芭蕉運到外車

埋站，〔註57〕使外車埕在 1928 年之後開始有輸出紀錄，1935 年之後開始有較多的輸出量送紀錄。

　　集集與水裡坑地區所產香蕉品質良好外銷海外，也爲蕉農賺入不少財富，香蕉的黃金時代從日治時期延續到戰後 1960 年代，因採收香蕉多少都會沾染到香蕉乳，而香蕉乳是清洗不掉的，所以流傳衣服沾到越多香蕉乳的蕉農越有錢，酒家小姐越是喜歡。〔註58〕

表 4-4　集集線鐵道各站香蕉輸出量（1927 年～1941 年）　　　（單位：噸）

年份＼車站	濁水	隘寮	集集	水裡坑	外車埕
1927 年	299	--	1,922	--	--
1928 年	211	--	1,930	2,084	946
1929 年	120	--	3,807	2,480	7
1930 年	876	--	8,250	3,805	--
1931 年	1,092	--	7,896	6,357	--
1932 年	1,571	--	4,379	7,117	--
1933 年	2,846	--	10,178	9,071	28
1934 年	3,127	71	12,344	8,063	910
1935 年	3,606	1,462	15,721	9,449	1,499
1936 年	4,546	3,469	21,139	16,174	1,125
1937 年	3,572	2,503	17,290	15,616	2,113
1938 年	2,668	2,370	10,054	13,687	857
1939 年	2,929	2,565	7,977	14,582	1,147
1940 年	－	－	－	－	－
1941 年	3,136	2,267	8,928	20,917	1,151

資料來源：臺灣總督府鐵道部，《臺灣總督府鐵道部年報‧統計表》（1927～1937）。臺灣總督府交通局鐵道部，《臺灣總督府交通局鐵道部昭和十三年度‧統計表》（1939）。臺灣總督府交通局鐵道部，《臺灣總督府交通局鐵道部昭和十四年度年報‧統計表》（1940）。臺灣總督府交通局鐵道部，《臺灣總督府交通局鐵道部昭和十六年度‧統計表》（1942）。

說明：--代表數量爲 0。1940 年無鐵道部統計資料，－表數字不詳。

〔註57〕今井昌治，〈臺中州青果同業組合檢查所配置略圖‧粁程表〉，《臺中州青果同業組合概況》（臺中：臺中青果同業組合，1938）。
〔註58〕南投縣政府，《南投縣集集線鐵道興衰調查》，頁 57。

三、糖業

　　埔里原有舊式糖廍，1909 年陸續出現改良糖廍，〔註59〕臺灣的糖廍主與日人合資成立埔里社製糖合資會社，〔註60〕1911 年組織變更，名稱改爲「埔里社製糖株式會社」，〔註61〕當時埔里通往二八水的輕便軌道由浦南公司經營，1911 年被埔里社製糖株式會社收購，路線改變不經過南投，而從集集通往二八水，路程可省去一半的時間，運費也節省了三分之一。〔註62〕1913 年後埔里社製糖株式會社被合併入臺灣製糖株式會社，改名爲「埔里社製糖所」。〔註63〕在 1919 年後，臺灣電力株式會社鋪設二八水到外車埕端的鐵道後，臺灣製糖株式會社營業的線路就改由外車埕到埔里端，主要將埔里社製糖所生產的蔗糖運送出去，並兼營載客。輕便軌道在外車埕站與集集線鐵道接軌，再匯入南北縱貫線。（參見圖 4-7）

表4-5　水里地區輕便軌道（臺車）路線

年份	經營者	路線
1910 年	浦南公司	二八水－濁水
		濁水－南投
		南投－埔里社（建設中）
1911 年～1912 年	埔里社製糖株式會社	湳仔－埔里社
1913 年～1919 年	臺灣製糖株式會社	湳仔－埔里社
1920 年	臺灣製糖株式會社	名間－埔里社
1921 年	臺灣電力株式會社	營業線：二水－外車埕
		專用線：外車埕－門牌潭
	臺灣製糖株式會社	名間－埔里社
1922 年	臺灣電力株式會社	營業線：二水－外車埕
		專用線：外車埕－門牌潭
	臺灣製糖株式會社	外車埕－埔里
1927 年	總督府鐵道部	二水－外車埕
	臺灣製糖株式會社	外車埕－埔里

資料來源：臺灣總督府鐵道部，《臺灣總督府鐵到部年報（1910～1922）》（臺北：臺灣總督府鐵道部）。臺灣總督府鐵道部，《臺灣總督府鐵到部年報（1927）》（臺北：臺灣總督府鐵道部）。

〔註59〕　〈改良糖廍出願〉，《臺灣日日新報》，1909 年 9 月 15 日，第 3 版。
〔註60〕　〈南投計設糖社〉，《臺灣日日新報》，1910 年 6 月 19 日，第 3 版。
〔註61〕　〈埔里糖社變更組織〉，《臺灣日日新報》，1911 年 5 月 9 日，第 2 版。
〔註62〕　〈南投輕鐵現況〉，《臺灣日日新報》，1911 年 5 月 22 日，第 2 版。
〔註63〕　〈兩製糖之合併〉，《臺灣日日新報》，1913 年 7 月 2 日，第 5 版。

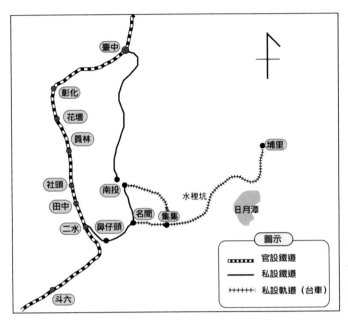

圖 4-6 1912 年水里地區
交通鐵道圖（劉芷瑋繪製）

資料來源：臺灣總督府鐵道
部，《臺灣總督府鐵道部第
14 年報（1912）》（臺北：臺
灣總督府鐵道部，1913）。

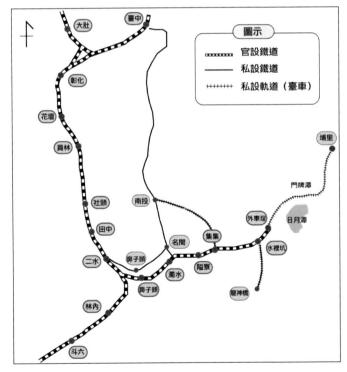

圖 4-7 1927 年水里地區
交通鐵道圖（劉芷瑋繪製）

資料來源：臺灣總督府鐵道
部，《臺灣總督府鐵道部第
29 年報（1927）》。

說明：1919 年建設集集線鐵
道當時為臺灣電力株式會社
經營，1927 年轉由總督府鐵
道部接收，二水到外車埕的
私設鐵道已改為官設鐵道；
另外又增加水裡坑到龍神橋
的私設軌道（臺車道），便利
望鄉山木材運輸與登新高山
者的交通。

　　另外東洋製糖株式會社也在集集與水裡坑地區設有糖廠，〔註64〕分別是東洋製糖集集工場與社子工場，集集工廠於1918年休業，〔註65〕其餘還有私人糖廍的設置，林謹源先生約在1926年到1945年於集集街社子35番地（今水里鄉北埔村），開設「振豐裕製糖廠」，爲當時水里地區第一位開設糖廠者，所以北埔村又舊稱「糖廍」。〔註66〕而拔社埔（今水里鄉民和村）於日治時期也設有私人糖廍，有「下糖廍」舊地名；〔註67〕從表4-6中可以明顯觀察出，埔里的糖集中從外車埕站輸送出，集集站與水裡坑站也有少量糖輸出。

表4-6　集集線鐵道各站糖輸出量（1927年～1941年）　　（單位：噸）

年份＼車站	濁水	隘寮	集集	水裡坑	外車埕
1927	--	--	58	51	4,347
1928	--	--	90	54	8,200
1929	--	--	59	90	8,143
1930	--	--	10	7	6,836
1931	--	--	40	--	7,549
1932	--	--	43	--	5,576
1933	--	--	216	--	4,658
1934	10	--	210	43	5,210
1935	10	--	159	301	6,049
1936	--	--	173	142	6,477
1937	--	--	39	189	7,380
1938	30	--	113	272	7,977
1939	--	--	102	369	7,319
1940	－	－	－	－	－
1941	--	--	467	234	6,024

資料來源：臺灣總督府鐵道部，《臺灣總督府鐵道部年報・統計表》（1927～1937）。臺灣總督府交通局鐵道部，《臺灣總督府交通局鐵道部昭和十三年度・統計表》（1939）。臺灣總督府交通局鐵道部，《臺灣總督府交通局鐵道部昭和十四年度年報・統計表》（1940）。臺灣總督府交通局鐵道部，《臺灣總督府交通局鐵道部昭和十六年度・統計表》（1942）。

說明：--代表數量爲0。1940年無鐵道部統計資料，－表數字不詳。

〔註64〕臺灣總督府，〈製糖場原料採取區域〉，《府報》第1424號，1917年11月14日，頁31。
〔註65〕南投廳，《南投廳統計一覽》（南投：南投廳，1917），頁3。
〔註66〕尹志宗，《水里鄉志》，頁297～298。
〔註67〕夏黎明，《臺灣地名辭書十卷南投縣》（南投市：省文獻會，2001），頁507。

四、木材業

　　水裡坑地區因位於沿山地帶，靠近蕃地（今信義鄉）成爲木材集散地，1933 年總督府頒發許可，准許日商櫻井貞次郎所創立的臺灣株式會社櫻井組經營伐木事業，伐木作業區爲望鄉山和郡坑山（今信義鄉），樹種以臺灣扁柏、紅檜、松類與臺灣鐵杉爲主，〔註68〕成爲中部著名伐木基地。望鄉山分場的林木開發，靠著新高拓殖軌道株式會社經營的輕便軌道的運輸，往來水裡坑、沙里仙之間。〔註69〕而望鄉的木材也被指定作爲新竹神社擴張工程御用建材，利用集集線鐵道運送出去，連結縱貫線抵達新竹車站。〔註70〕1935 年依據總督府營林所的預估，將近有 25,000 石（1,698.75 公噸）的木材出口。〔註71〕從圖 4-9 觀察，水裡坑站的木材輸送數量明顯高於其他各站，1933 年之後運量持續遞增，與望鄉山林場的發開密切相關。

圖 4-8　水裡坑－沙里仙輕便軌道線

資料來源：作者不詳，《臺灣鐵道路線圖》（1933）。

〔註68〕莊世滋，《戀戀丹巒：南投林業印記》（臺北市：農委會林務局，2015），頁 16。
〔註69〕新高拓殖軌道株式會社，1926 年成立，軌道路段爲水裡坑到內茅埔，之後路線改道到沙里仙，全長 27 哩。乘客臺車數 2,060 輛，貨運臺車數 12,479 輛。主要是貨物運輸。竹本伊一郎，《1931 臺灣株式年鑑》（臺北市：臺灣經濟研究會，1931），頁 229～230。
〔註70〕〈御用材御木引行事〉，《臺灣日日新報》，1940 年 3 月 6 日，第 7 版。
〔註71〕〈望鄉山の檜伐出し　年二萬五千石の豫定〉，《臺灣日日新報》，1935 年 1 月 11 日，第 9 版。一石爲 67.95 公斤。

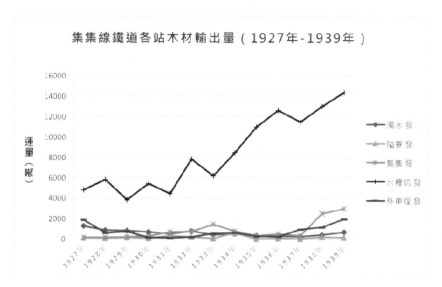

圖 4-9　集集線鐵道各站木材輸出量（1927 年～1939 年）

資料來源：臺灣總督府鐵道部，《臺灣總督府鐵道部年報・統計表》（1927～1937）。
臺灣總督府交通局鐵道部，《臺灣總督府交通局鐵道部昭和十三年度・統計表》
（1939）。臺灣總督府交通局鐵道部，《臺灣總督府交通局鐵道部昭和十四年度年報・
統計表》（1940）。

說明：根據表 4-5 所製。

表 4-7　集集線鐵道各站木材輸出量（1927 年～1941 年）（單位：噸）

車站 年份	濁水	隘寮	集集	水裡坑	外車埕
1927 年	1,218	59	136	4,769	1,859
1928 年	846	50	99	5,778	564
1929 年	780	101	176	3,789	691
1930 年	656	10	255	5,389	125
1931 年	477	281	649	4,404	71
1932 年	758	142	714	7,800	175
1933 年	369	16	1,406	6,196	500
1934 年	493	570	718	8,455	596
1935 年	286	--	275	10,950	237
1936 年	257	8	465	12,616	214
1937 年	187	--	301	11,430	893
1938 年	390	164	2,484	12,992	1,125
1939 年	643	108	2,964	14,372	1,922

1940 年	－	－	－	－	－
1941 年	1,291	814	4,277	17,788	3,077

資料來源：臺灣總督府鐵道部，《臺灣總督府鐵道部年報‧統計表》（1927～1937）。
臺灣總督府交通局鐵道部，《臺灣總督府交通局鐵道部昭和十三年度‧統計表》
（1939）。臺灣總督府交通局鐵道部，《臺灣總督府交通局鐵道部昭和十四年度年報‧
統計表》（1940）。臺灣總督府交通局鐵道部，《臺灣總督府交通局鐵道部昭和十六年
度‧統計表》（1942）。

說明：--代表數量為 0。1940 年無鐵道部統計資料，-表數字不詳。

　　木材在集集線鐵道運輸物品中佔有重要地位，1941 年因為戰爭關係使木
材運量大增，水裡坑因接近山林成為木材集散地，使水裡坑站居主要起運站。
商人與工人在水裡坑市街消費，旅館、商店林立，木材商與商人通常在水裡
坑留宿，隔日早再前往林場。日治末期水裡坑的商業已十分活絡，而木材業
的發展持續，戰後改為巒大山林場，由行政長官公署農林處林務局接收，在
水裡坑設立辦事處，並擴大合併丹大、巒大、水里、竹山等事業區。〔註 72〕
1958 年孫海得標丹大事業區，成立振昌木業公司，為了運輸丹大林區木材開
發丹大林道，因木材產業需廣大的腹地、與便利的交通，在水里鄉車埕村設
立振昌木材廠。〔註 73〕戰後水里地區因木業興盛，聚集許多外來人口，形成
「四多」的情況，理髮店多、藥房多、旅社多、酒家茶室多。由於從事木材
相關事業多為男性故理髮店多；然工人進出山地工作，一去可能一個月或數
十天，所以需要攜帶藥品在身上；有時商人或工人必須在水里街上辦事採買
或是停留，1958 年到 1985 年旅社就多達 30 幾家；而茶室與酒家為商人進行
交際應酬或工人放鬆的地方，據南投縣政府商業登記 1958 年到 1985 年有 6
家，〔註 74〕水里地區繁榮可見一班，當時有「小臺北」之稱號。1985 年之後
政策改變，禁止砍伐使相關行業沒落，也使水里地區人口開始外移。

　　集集線鐵道一開始建設的目的雖然是運輸發電所相關建材物資，但日後
對於水里地區交通帶來重大的改變，這樣的影響可分為直接性與間接性，對
於體積較大的木材，與需即時輸送的鮮果香蕉而言，集集鐵道帶來快速與便
利；也間接影響了樟腦與糖不同以往的運用模式與路線。直到今日依然是當
地重要的對外交通。

〔註 72〕莊世滋，《戀戀丹巒：南投林業印記》，頁 21～28。
〔註 73〕張婉菁，〈水裡坑林業地景與生活空間之社會結構（1760～1986）〉（嘉義：南
　　　　華大學環境與藝術研究所碩士論文，2003），頁 88。
〔註 74〕藍文瑩，〈集集與水里市街中地地位的消長─從位置與產業變遷的解釋〉（高
　　　　雄：國立高雄師範大學地理學系研究所碩士論文，2015），頁 152。

第三節 日月潭觀光與登新高山轉運點的形成

　　1927 年臺灣日日新報首次舉辦大規模的票選活動，以投票方式決定「臺灣新八景」。在募集的過程各地出現競爭的情況，例如臺中州投票活動十分熱烈，像是二水庄長積極呼應募集活動，鼓勵地方有志人士多加宣傳日月潭；〔註75〕臺灣電力株式會社動員全體社員支持投票日月潭，〔註76〕最後該活動有非凡的迴響，獲得近 3 億 6 千萬驚人的投票數。〔註77〕1927 年 8 月公告投票結果，有別格〔註78〕二景、臺灣八景與臺灣十二勝；新高山榮獲別格稱號，日月潭則入選臺灣八景。集集線鐵道支線使進入日月潭觀光或登新高山更為便利，而水裡坑在交通位置上佔有其重要地位；為前往霧社、埔里、日月潭公路交會點，也是入新高山前之交會停留點。以下將討論水裡坑在交通上的位置特殊性。

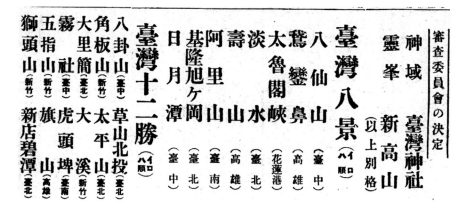

圖 4-10 別格二景、臺灣八景、臺灣十二勝

資料來源：〈臺灣八景決定 二十五日鐵道ホテルに於ける 最後の審查委員會で 同時に別格二景及十二勝も決る／審查委員の 踏查報告に移る〉，《臺灣日日新報》，1927年 8 月 27 日，第 5 版。

〔註75〕〈二水庄長鼓舞 日月潭受天宮 投票八景〉，《臺灣日日新報》，1927 年 7 月 6日，第 4 版。

〔註76〕〈クチナシ〉，《臺灣日日新報》，1927 年 6 月 21 日，第 2 版。

〔註77〕〈積み重ねると 富士山の二十倍 驚くべき八景投票の量〉，《臺灣日日新報》，1927 年 8 月 2 日，第 5 版。

〔註78〕「別格」為不受既定格式拘束，特別處理的情形的意思。二別格為臺灣神社與新高山，作為比其他風景之更上一層，突顯別格的政治象徵與神格化之意義。吳兆宗，〈昭和 2 年臺灣八景募集活動及其影響〉（彰化：國立彰化師範大學歷史學研究所碩士論文，2012），頁 58。

一、做爲新高山登山口的水裡坑

臺灣第一高峰的新高山（今玉山，高度 3,952 公尺），在日治時期政府已開始注意到登山觀光。1918 年臺灣新聞社舉辦新高登山會，之後出版《新高山》小冊，記載登山過程，因大眾媒體的推廣與宣傳，引起社會的登山熱。〔註79〕臺灣新聞社 1922 年舉辦第二次新高山登山活動，大橋捨三郎參加後並將登山紀錄及感想整理出版《新高登山》一書。在書中提及，從八通關登山者，必須於二水站轉乘當時電力會社所經營的鐵道，之後於集集站下車前往新高郡役所辦理入蕃許可手續，之後再搭乘鐵道通往水裡坑下車，再轉乘公路可到內茅埔。登山日程從集集出發來回共 7 日，路線爲集集－水裡坑－內茅埔－東埔－八通關－攻頂－八通關－楠子腳萬－水裡坑－集集，並特別強調此路線簡易又輕鬆方便。〔註80〕1936 年當局基於蕃情平穩及道路住宿日漸完備，所以增加水裡坑派出所辦理入山許可，使登山者更加便利。〔註81〕當時進入新高山登山口共有三處：水裡坑口、阿里山口、玉里口，〔註82〕1937 年水裡坑登山口石碑設於頂崁（今水里鄉頂崁村），〔註83〕搭乘集集線鐵道自水裡坑站下車後，水裡坑至頂崁間的上坡路段可搭自動車（汽車），到頂崁後轉搭臺車經過內茅埔、楠子腳萬到達東埔站下車後起步登山。〔註84〕這條新高線由新高拓殖軌道株式會社所經營，主要爲木材運輸，也經營載運登爬新高的旅客，1927 年到 1929 年路線由水裡坑到龍神橋，之後路線延伸到沙里仙溪和內茅埔，〔註85〕1933 年分爲新高線（水裡坑－東埔）與貨運營業線（東埔－沙里仙溪）。〔註86〕（參見圖 4-12）

〔註79〕林玫君，《玉山史話》（南投縣水里鄉：玉山國家公園，2012），頁 86～87。

〔註80〕大橋捨三郎，《新高登山》（出版地不詳：出版單位不詳，1922），頁 35～37。

〔註81〕〈入蕃許可 簡易下位〉，《臺灣日日新報》，1935 年 6 月 25 日，第 4 版。

〔註82〕無版權頁，《臺灣鐵道旅行案內昭和九年》（無版權頁，1934），頁 135～136。

〔註83〕設立年代標示於新高山登山口紀念碑。

〔註84〕新高郡役所，《新高郡管內概況昭和十一年版》（新高郡：新高郡役所，1936），頁 127。

〔註85〕竹本伊一郎，《1931 臺灣株式年鑑》，頁 229～231。

〔註86〕臺灣總督府鐵道部，《臺灣總督府鐵道部第三十五年報》（臺北：臺灣總督府鐵道部，1934），頁 332。

圖 4-11　水裡坑之新高山登山口（劉芷瑋 2017.01.21 拍攝）

圖 4-12　1930 年水里地區交通鐵道圖（劉芷瑋繪製）

資料來源：作者不詳，《臺灣鐵道路線圖》（1930）。

　　從臺州中統計書的蕃地出入者人數觀察，1926 年人數大幅增加，而據《臺灣日日新報》報導 1926 年 7 月從臺中州進入登新高山者，多達 17 個團體總人數 350 人，已破以往紀錄。〔註87〕1928 年因「郡大蕃脫走事件」〔註88〕山地蕃情不穩，一名警手被馘首，出草地點就在於八通關附近，〔註89〕政府下令封鎖，將新高山地區列為禁區，直到 1929 年 6 月才允許除公務外之團體登山者，可自阿里山登山口入新高山，〔註90〕這事件導致 1928 年和 1929 年登山人數大幅減少；而 1931 年人數銳減，則因 1930 年 10 月爆發的霧社事件所影響。

　　日治時期臺灣教育界對登山活動持正面看法，認為可形塑學生健康、勇敢、進取的活動，是為鍛鍊青年身心和培養剛健精神的手段，於是中等學校和高等學校紛紛鼓勵成立登山社，〔註91〕所以登新高山者為學生居多，1930 年暑假，登記入山者就有臺北第三女高 49 名、臺北工業學校 22 名、臺南一中 13 名、臺北帝大豫科農學部學生數名等。〔註92〕1926 年 7 月 9 號臺北第一二女高登山行程，從臺北站出發抵達二水車站，隔日 10 號轉乘當時臺灣電力株式會社經營的二水－外車埕線前往水裡坑站，於龍神橋換臺車抵達內茅埔住宿，11 日到東埔泡溫泉，12 日留宿八通關，13 日開始登山宿於觀高，14 日歸ナマカバン（楠子腳萬）留宿，15 日歸賦從水裡坑站出發抵達臺中站，16 日自臺中站乘車歸北。〔註93〕又 1930 年 7 月石塚總督登新高山日程為：25 日從臺北站抵達嘉義站，從阿里山入山，31 日下山，於水裡坑吃完中餐搭集集線鐵道回到臺中站，8 月 1 日北歸。〔註94〕

〔註87〕　〈めつきり殖えた　新高山の登山者　七月中に十七團體　總人員三百五十名〉，《臺灣日日新報》，1926 年 8 月 4 日，第 2 版。

〔註88〕　郡大蕃脫走事件：原本居住在新高山東北側的郡大原住民，違反官方命令，遷居到新高山南方的雲峰附近，與未歸順的玉穗社原住民住在一起。沼井鐵太郎著吳永華譯，《臺灣登山小史》（臺中：晨星出版社，1997），頁 120。

〔註89〕　〈新高山蕃伏莽負嵎　暫時採持久戰耶　登山危險不能〉，《臺灣日日新報》，1928 年 7 月 12 日，第 4 版。

〔註90〕　〈三年振り封鎖を解く新高山登山　臺南州では阿里山口に限り　今夏は團體登山を許す方針〉，《臺灣日日新報》，1929 年 6 月 19 日，第 5 版。

〔註91〕　林玫君，《玉山史話》，頁 70。

〔註92〕　〈新高登山者　學生居多〉，《臺灣日日新報》，1930 年 6 月 30 日，第 8 版。

〔註93〕　〈臺北第一二高女　決定新高登山團　身體已嚴重檢查〉《臺灣日日新報》，1926 年 6 月 23 日，第 4 版。〈一二高女　登新高山〉，《臺灣日日新報》，1926 年 7 月 11 日，第 4 版。

〔註94〕　〈總督の新高登山日程〉，《臺灣日日新報》，1930 年 7 月 22 日，第 2 版。

在林獻堂的日記中提到，他於 1935 年 9 月 21 日至 26 日登新高山的行程，第一天從霧峰出發到草屯、南投、民間、集集郡役所領取入蕃證，每人需二角，之後抵達水裡坑會面新高拓殖株式會社支配人山下氏，然後前往日月潭涵碧樓並乘坐電力會社汽動船遊日月潭，當晚夜宿涵碧樓。第二天早上七點從涵碧樓出發到水裡坑頂崁，乘坐輕便車行經新山、郡坑、內茅埔，沿途可見芭蕉遍佈，可見水裡坑倚賴芭蕉而繁盛。之後抵達位於楠子腳萬駐在所附近的筆石用午餐，用餐後來到和社，最後抵達輕便車終點站東埔，並入住東埔山莊享受泡湯溫泉。第三天繼續前往樂樂駐在所，過了樂樂即可抵達觀高，從觀高可以遠眺新高山與八通關山。第四天抵達八通關，登上新高山，於新高山頂上的新高祠三呼萬歲，於新高山上用完午餐後開始返回八通關。第四天從八通關出發到觀高，其中遇到大雨於午後一點左右回到東埔山莊。第五天早上搭乘輕便車於 11 點 40 分抵達水裡坑，並在水裡坑的新世界料理店午餐，之後搭乘自動車（汽車）返回集集郡役所答謝入山時巡守的保護，之後返回霧峰。林獻堂日記中詳細記錄登新高山的路程與時間，並從中看見沿路的山環景象與番人事物十分精彩。〔註 95〕相較於從阿里山登往新高山的道路艱險難行，水裡坑是進入蕃地的最佳轉乘站，可在此停留用餐或住宿，登山客或遊客也對水裡坑市街帶來影響。除了登新高山之外，旅客前往日月潭也必須經過水裡坑。

表 4-8　新高郡蕃地出入者登山人數（單位：人）

	總計	內地人	本島人	朝鮮人	外國人	其他
1925 年	174	156	18	--	--	--
1926 年	632	543	86	--	--	3
1927 年	776	566	203	--	--	7
1928 年	39	39	--	--	--	--
1929 年	1	1	--	--	--	--
1930 年	391	276	111	--	--	4
1931 年	134	61	73	--	--	--
1932 年	507	500	6	--	--	1
1933 年	570	519	51	--	--	--
1934 年	609	507	102	--	--	--

〔註95〕林獻堂著、許雪姬等共同註解，《灌園先生日記》（台北市：中研院台史所籌備處，2000），頁 330～341。

1935 年	602	492	105	--	--	--
1936 年	1,028	902	118	--	8	--
1937 年	762	527	235	--	--	--
1938 年	1,183	902	277	4	--	--
1939 年	1,180	903	277	--	--	--
1940 年	1,606	928	678	--	--	--

資料來源：臺中州，《臺中州統計書（大正十四年～昭和十五年）》（臺中：臺中州，1926～1940）。

說明：統計書1936年之前有內地人、本島人、其他之統計，1936年之後，其他改為朝鮮人與外國人。--代表數量為0。

二、做為日月潭轉運站的水裡坑

邵族祖靈地拉魯島（Lalu）從古到今有多個名稱，自清代以八景之一出現於方志中，《彰化縣志》中提及的「珠潭浮嶼」、〔註96〕漢人稱之「珠仔山」、日治時期稱作「玉島」並在島上建蓋神社－玉島祠祈求工程順利，〔註97〕戰後稱之「光華島」等。清代至今日月潭一直是名勝觀光地區，前往日月潭的方式也隨著交通建設而改變；最早僅有一條「水沙連古道」，從水裡坑登上土地公鞍嶺到達頭社、水社、日月潭。日治時期之後，交通逐漸完善，日本文學家佐藤春夫，於1920年來臺旅遊，當時他從縱貫線在二水站轉搭明治製糖株式會社的二八水－南投段路線，於湳仔（今名間）再轉乘臺灣電力株式會社的臺車前往集集街，次日搭乘轎椅從水沙連古道到達日月潭。〔註98〕集集線鐵道完成後，要到臺灣新八景的日月潭交通方式更為便利，可從縱貫線於二水站轉乘集集線於水裡坑站下車，在水裡坑搭乘汽車前往，或轉乘臺車至五城站下車再步行前往。〔註99〕1931年6月日月潭自動車商會成立，行駛水裡坑與魚池間，1934年二水商會開始經營二水與水裡坑之間的公路運輸，至此到日月潭觀光更加方便。〔註100〕張麗俊的日記中記載：1934年藉參加全島

〔註96〕周璽，《彰化縣志》（南投：臺灣省文獻委員會，1993），頁20。

〔註97〕新高郡役所，《新高郡管內概況（昭和十年版）》（臺北：成文出版社有限公司，1985），頁31。

〔註98〕佐藤春夫著、邱若山譯，〈日月潭遊記〉，《佐藤春夫：殖民地之旅》，頁57～62。

〔註99〕臺中州役所，《臺中州要覽（昭和六年版）》（臺北：成文出版社有限公司，1985），頁177。

〔註100〕新高郡役所，《新高郡管內概況（昭和十年版）》（臺北：成文出版社有限公司，1985），頁90。

產業組合大會之名，至日月潭遊玩，從臺中站搭火車於二水站後，轉坐集集線到達水裡坑站，之後換乘自動車抵達日月潭，欣賞水社蕃婦杵音演出，之後搭乘小船到玉島參拜神社，夜晚入住涵碧樓；隔日搭汽車到埔里，回程乘坐輕便車到門牌潭遊發電所，對於發電所的建設大開眼界，歸賦時在外車埕站搭車前往二水縱貫線。〔註101〕1930年代起日月潭成為團體旅遊或是學生畢業旅行必遊之地，除日月潭亦可順便參觀日月潭發電所；像是臺南高校生到日月潭旅遊並參觀發電所、〔註102〕北斗郡產業組合職員前往日月潭入住涵碧樓，隔日參訪水力發電所、〔註103〕臺南第一高女前往霧社參觀化番生活，夜宿涵碧樓，隔日見學日月潭發電所。〔註104〕諸如《臺灣鐵道旅行案內》、《臺中州要覽》、《新高郡管內概況》的介紹都有詳細描述前往日月潭遊覽的交通方式，而主要路線為搭縱貫線承接集集線，於水裡坑站下車再轉往日月潭，可見水裡坑為重要的交通轉運站。

　　從集集線鐵道客運量之乘車人數（圖4-13）和下車人數（圖4-14）整體來看各站本身上下車人數差異不大，而集集線鐵道的客運量，為水裡坑站人數最多，其次是集集站，集集站原本1927年到1929年載客數略多水裡坑站，1930年之後水裡坑站人數已成為全線站點之冠，而這個時機點與日月潭水力發電工程復工息息相關。單看水裡坑站的人數搭乘曲線，1934年後明顯人數銳減，與日月第一發電所（今大觀發電廠）完工後人員離開有關，但1935年日月潭第二發電所（今鉅工發電廠）開始建立後人數又開始回升，雖1937年日月潭第二發電所竣工，但人員似乎沒有流失。水裡坑因發電工程與山區物流的興盛，又位於進入日月潭與新高山的重要交通位置上，使人潮流量為最多。水裡坑的交通位置於來往霧社、埔里、日月潭之要道為公路的連絡據點，日月潭發電所又位於境內，望鄉山的木材以水裡坑站作為輸出點，人潮帶動商潮；1934年10月水裡坑來往二水地區加入公路運輸，交通設備更完善，旅客來往更加便利，各項的計畫都有助於水裡坑市街活絡化。〔註105〕

〔註101〕張麗俊著、許雪姬、洪秋芬編纂解說，《水竹居主人日記（第九冊）》（臺北：中央研究院近代史研究所，2000），頁507～511。

〔註102〕〈臺南高工生が日月潭附近で演習　併せて、電力工事の現場をも見學する〉，《臺灣日日新報》，1933年11月22日，第3版。

〔註103〕〈北斗郡產組　役職員觀月會　在日月潭〉，《臺灣日日新報》，1934年9月26日，第4版。

〔註104〕〈臺南高女生　霧社旅行〉，《臺灣日日新報》，1934年11月21日，第8版

〔註105〕〈新高水裡坑　各種計劃　將來必成活況〉，《臺灣日日新報》，1934年8月16日，第8版。

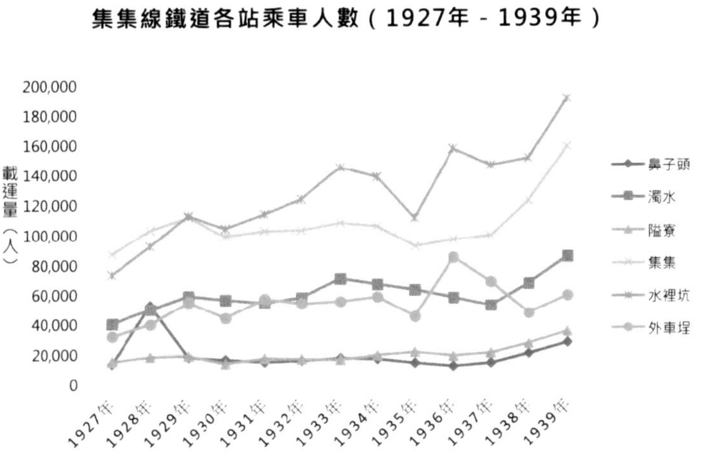

集集線鐵道各站乘車人數（1927年－1939年）

圖 4-13　集集線鐵道各站乘車人數（1927 年～1939 年）

資料來源：臺灣總督府鐵道部，《臺灣總督府鐵道部年報・統計表》（1927～1937）。
臺灣總督府交通局鐵道部，《臺灣總督府交通局鐵道部昭和十三年度・統計表》
（1939）。臺灣總督府交通局鐵道部，《臺灣總督府交通局鐵道部昭和十四年度年報・
統計表》（1940）。

說明：筆者根據附錄 4-2 所製。

集集線鐵道各站下車人數（1927年－1939年）

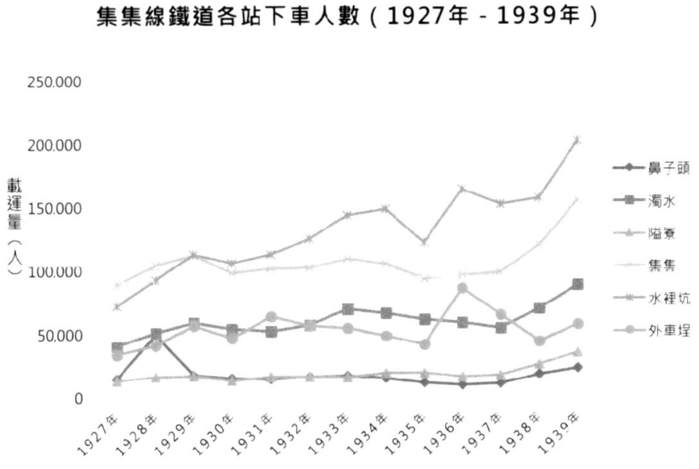

圖 4-14　集集線鐵道各站下車人數（1927 年～1939 年）

資料來源：臺灣總督府鐵道部，《臺灣總督府鐵道部年報・統計表》（1927～1937）。
臺灣總督府交通局鐵道部，《臺灣總督府交通局鐵道部昭和十三年度・統計表》
（1939）。臺灣總督府交通局鐵道部，《臺灣總督府交通局鐵道部昭和十四年度年報・
統計表》（1940）。

說明：筆者根據附錄 4-2 所製。

　　水力發電工程帶入的商機使水里地區呈現繁榮的景象，但不久爆發太平洋戰爭臺灣進入戰時體制；日月潭第一發電所作爲主要電力、動力的來源，自然也成了美軍轟炸的目標。祖父提起戰爭時期，曾被動員鑿石頭建造防空洞與劈砍樹枝爲發電所進行僞裝，另外爲了誤導空襲還在離發電廠約 500 公尺處設立五根假的壓力鋼管，但被美軍識破了。有次他從水里坑街上返家途中，在日月潭第二發電所對岸，親眼目睹飛機來襲轟炸發電所。因美軍飛機不斷來轟炸，居民只好趕緊撤往魚池地區或是附近山區躲避，連登山旅社老闆也賤賣旅館換取物資逃命。〔註 106〕

　　從 1944 年 10 月 12 日開始美軍飛機就陸續前往日月潭偵查拍照，10 月 13 日，美國軍機預計轟炸日月潭第一發電所建築本體及其壓力鋼管及對岸的社宅街建築群，但炸彈多落在對岸社宅街；另一處針對日月潭第二發電所的轟炸，則是因爲受地形的限制，改轟炸變電所對岸的房舍。〔註 107〕從 1945 年 1 月起更是密集性的針對臺灣發動空襲，1945 年 3 月 13 日，美軍在日月潭地區投下 1,000 磅的炸藥，導致日月潭第一發電所的發電與輸電設施受損，倉庫與修理廠遭毀；3 月 23 日首要目標是兩座日月潭發電所，這次的轟炸是爲致命的一擊，美軍對日月潭第一發電所投下 2,000 磅的炸彈，擊中第三根壓力鋼管導致破裂噴出水柱，另外兩座貯油槽燒毀，兩座變壓器被炸毀；另外日月潭第二發電所也被投下 2,000 磅炸彈，造成發電所一根壓力鋼管破損，屋外兩座變電器燃燒，引發濃煙。〔註 108〕

　　日月潭水力發電工程爲水里地區帶來活絡的商機，但戰爭時期發電設施成爲美軍轟炸重點，因此老一輩人都還留存空襲的記憶。發電所被炸毀無法提供電力，至於電廠的修復與戰後電力設施的接收則是另一個時代的章篇。

〔註106〕劉健英（1929 年生）報導，劉芷瑋口訪紀錄 2017 年 1 月 24 日。

〔註107〕張維斌，《空襲福爾摩沙：二戰盟軍飛機攻擊臺灣紀實》（臺北市：前衛，2015），頁 38～62。

〔註108〕張維斌，《空襲福爾摩沙：二戰盟軍飛機攻擊臺灣紀實》，頁 171～183。

圖 4-15 美軍對日月潭第二發電所轟炸（1945 年 3 月 23 日）

資料來源：GIS 地理資訊科學研究專題中心「美國國家檔案館典藏臺灣就航空照片」，
http://gis.sinica.edu.tw/NARA/Taiwan/G03489/images/G03489_017.jpg。

說明：美軍轟炸日月潭第二發電所，屋外變電設施被炸起火燃燒冒出黑煙，壓力鋼管
被炸噴出水柱。

圖 4-16 美軍對日月潭第一發電所
轟炸（1945 年 3 月 23 日）

資料來源：GIS 地理資訊科學研究專
題中心「美國國家檔案館典藏臺灣就
航空照片」，http://gis.sinica.edu.tw/NA
RA/Taiwan/G03489/images/G03489_0
65.jpg。

說明：美軍對日月潭第一發電所投下
炸彈瞬間，照片中可以看到兩顆炸彈
正在落下。

結　論

　　日月潭水力發電工程從 1919 年開始建設，中間經歷停工又復工，前後共花費 15 年之久，終於在 1934 年完工。在當時爲亞洲最大水力發電設施，也是全世界第七大發電所；竣工後供應臺灣西部的用電量，可產生電力 10 萬千瓦，對比 1905 年全臺灣第一個水力發電所－龜山發電所 600 千瓦的發電量，日月潭第一發電所是它的 166 倍。在日月潭水力工程完成後，提供豐沛的電量，促進基礎工業的發展，實現臺灣工業化的目標。日月潭水力發電工程，對於臺灣影響重大，在工程所在地的水里地區又造成什麼樣的影響，是本文想探討的。

　　本文討論日月潭水力發電工程的相關建設帶給水里地區哪些影響，全篇分成三大主題：交通、人流、物流加以探討。交通所帶動的物流，緊扣水里地區的地理位置的特殊性與重要性。

一、日月潭水力發電工程的「交通建設」

　　臺灣電力株式會社爲了建立日月潭水力發電工程，而發展出多樣性的運輸系統，運送所需物資；主要有連結縱貫線二水到外車埕的路線，和外車埕到門牌潭的專用線，二水到外車埕線也就是今日的集集線鐵道，1919 年該鐵道由臺灣電力株式會社所鋪設，運載建材和物資以完成日月潭水力發電工程，之後從臺灣電力株式會社的專用線轉變成營業線，1927 年被臺灣總督府鐵道部收購；使人們可利用縱貫線銜接集集線鐵道到日月潭旅遊，直到今日依舊是水里地區重要交通路線之一。

　　除了聯外的集集線鐵道，水力發電工程內部交通的運輸也不可缺。爲了更有效率送運建材到工區，臺灣電力株式會社打造一條電氣軌道，連接水社到司馬按再到東埔（今埔里鎮水頭里）地區的交通路線，並在 1934 年工程結束後拆除未繼續沿用。又因工區位處山區，地勢落差起伏大，而設立兩條索道路線，分別是外車埕到水社與東埔到武界地區。其中也利用埔里製糖株式會社的輕便軌道運送物資到魚池，再改由電氣軌道轉運到所需工區；人員則以步行方式從東埔抵達到武界工區。日月潭水力發電工程的交通建設，使水里地區有了現代化的交通，而能帶動人口與物產的運輸。

二、發電工程帶來的「人流」

　　工程造成的移動，分爲「水庫移民」與「勞工進入」。1934 年工程竣工後日月潭水位開始上升，也影響原本生活在日月潭周邊的邵族人與漢人。在這情形之下，日本政府將邵族人安置於卜吉（今伊達邵），並禁止與漢人混居；另又將漢人遷移到田中、拔社埔（今水里鄉民和村）、埔里等地。在漢人遷移的部分，本論文參考口述訪談，拼湊出當年的遷移史。政府給予漢人移民者田中地區貧瘠的溪埔地，環境氣候也與日月潭不同，之後有些移民選擇回到日月潭周邊。《臺灣電力株式會社沿革史》、《日月潭水力電氣工事誌》都顯示，蕃人（邵族人）遷往拔社埔，但筆者田野調查之後，發現住在拔社埔的是原本住在水社地區的漢人。爲了臺灣工業化的發展蓋建日月潭發電工程，但也犧牲了原本住在日月潭周邊的居民，雖然政府給予居民補償，但是搬遷後的辛苦也只有這些「水庫移民」能體會。原本日本政府給邵族人益則坑（今水里鄉民和村）的耕作地，也因戰後政權轉換又將土地收回造林，使邵族人又喪失了土地。

　　日月潭水力發電工程工區廣闊，工程建設龐大，需要許多人力來完成，因而帶來大量勞工。承包商招攬眾多勞力，卻也延伸出生活環境與待遇不佳的問題。另外臺灣電力株式會社建立社宅（宿舍區）讓員工們居住，在山城中形成一個特殊的社宅聚落，並將日本的宗教信仰帶入其中。

三、發電工程帶來的「商機」

　　大量人口的進入工區後，帶動水里地區的商業發展，從 1931 年「日月潭起工紀念廣告」觀察，在交通不便的沿山地區，發展旅館業與運送業爲主。

因特殊的區位與商業的興盛使小運送業在此蓬勃，而水里地區的物產：樟腦、香蕉、木材、糖等，藉由發電工程所建立的集集線鐵道運送，帶動了物的流通。集集線鐵道對於體積較大的木材具有運送的便利性，對需要保持新鮮度的香蕉而言有其時效性，過去藉由輕便車運送的樟腦與糖，也能更有效率的輸送。除了物的流通，登山者與前往日月潭觀光客，都必須乘坐集集線鐵道抵達水裡坑，再轉搭其他交通工具前往目的地；水裡坑的地理位置，是為重要的轉運站。戰後水里地區的木材業擴大發展，集集線鐵道更是重要的輸送帶，直到今日依然是當地重要的對外交通管道。

　　由上可知，日月潭水力發電工程對於水里地區的影響，主要為集集線鐵道，交通建設帶動「人流」與「物流」。另外日月潭第一與第二發電所都設置在水裡坑，再加上其地理位置為重要轉運點，使水裡坑比集集線鐵道上其他站點，發展更佳。人流大量進出，帶動水里地區的商業發展，甚至在 1942 年被納入都市計畫範圍，只是很快就又進入戰爭時期。另外戰爭時期，美軍為了破壞動力設施，美軍飛機多次來到水里地區，並炸毀日月潭第一與第二發電所，這些戰時記憶都深深印在老一輩水里人心中。戰後水里地區發展已經非常興盛，之後並從集集行政區獨立出來，成立水里鄉。而 1980 年代臺灣電力公司持續在水里地區設置抽蓄發電廠，因明潭村位於水庫中心居民必須遷移，造成另一波水庫移民，這也是之後可以繼續討論的。總括而言水里地區的發展與日月潭水力發電工程的關係是環環相扣的。

附　錄

附錄 3-1　1905～1943 年集集庄與大字社子總人口數　　（單位：人）

年代	社子人口數	集集庄總人口數
1905 年	494	4,677
1906 年	449	4,719
1907 年	476	5,127
1908 年	569	5,455
1909 年	666	5,606
1910 年	728	5,681
1911 年	891	6,072
1912 年	1,004	6,405
1913 年	1,100	6,704
1914 年	1,118	6,842
1915 年	1,319	6,833
1916 年	1,371	6,801
1917 年	1,437	7,115
1918 年	1,435	7,176
1919 年	1,512	7,441
1920 年	1,671	8,511
1921 年	--	8,812
1922 年	--	9,058

1923 年	--	9,583
1924 年	--	9,633
1925 年	--	9,289
1926 年	--	9,395
1927 年	--	9,576
1928 年	--	9,932
1929 年	--	10,530
1930 年	--	11,214
1931 年	--	12,431
1932 年	5,079	13,081
1933 年	5,324	13,666
1934 年	5,824	14,841
1935 年	6,452	16,072
1936 年	6,759	16,890
1937 年	6,346	16,654
1938 年	7,087	17,901
1939 年	7,316	18,321
1940 年	--	22,596
1941 年	--	22,604
1942 年	--	23,810
1943 年	--	23,923

資料來源：臨時臺灣戶口調查部，《臺灣現住人口統計》1905～1906 年，（出版地不詳：臨時臺灣戶口調查部）；臺灣總督府總督官房統計課，《臺灣現住人口統計》1907～1911 年，（出版地不詳：臨時臺灣戶口調查部）；臺灣總督官房統計課，《臺灣現住人口統計》1912～1916 年，（出版地不詳：臺灣總督官房統計課）；臺灣總督官房調查課，《臺灣現住人口統計》1917～1933 年，（出版地不詳：臺灣總督官房調查課）；臺灣總督官房調查調查課，《臺灣常住戶口統計》1934～1937 年，（出版地不詳：臺灣總督官房調查課）。臺灣總督府官房企劃部，《臺灣常住戶口統計》1938～1939，（出版地不詳：臺灣總督官房企畫部）；臺灣總督府企劃部，《臺灣常住戶口統計》1940～1941，（出版地不詳：臺灣總督府企劃部）；臺灣總督府，《臺灣總督府第四十六統計書》，（出版地不詳：臺灣總督府，1944 年）。

說明：1921～1931 年、1940～1943 年無大字人口統計數，因在表格上呈現--。

附錄 3-2　社子之內地人、朝鮮人、中國人數統計表 1918～1939 年

（單位人）

年　代	本島人	內地人	朝鮮人	中國人
1918 年	1,409	26	0	0
1919 年	1,479	33	0	0
1920 年	1,569	102	0	0
1921 年	--	--	--	--
1922 年	--	--	--	--
1923 年	--	--	--	--
1924 年	--	--	--	--
1925 年	--	--	--	--
1926 年	--	--	--	--
1927 年	--	--	--	--
1928 年	--	--	--	--
1929 年	--	--	--	--
1930 年	--	--	--	--
1931 年	--	--	--	--
1932 年	4,673	381	11	14
1933 年	4,908	398	0	18
1934 年	5,479	307	1	37
1935 年	5,958	453	8	33
1936 年	6,016	662	10	71
1937 年	5,725	550	8	63
1938 年	6,637	401	7	42
1939 年	6,871	386	11	48

資料來源：臺灣總督府官房調查課，《臺灣現住人口統計》1917～1933 年，（出版地不詳：臺灣總督官房調查課）；臺灣總督官房調調查課，《臺灣常住戶口統計》，1934～1937 年，（出版地不詳：臺灣總督官房調查課）；臺灣總督官房企劃部，《臺灣常住戶口統計》，1938～1939 年，（出版地不詳：臺灣總督官房企劃部）。

說明：1921～1931 年無大字之本島人、內地人、朝鮮人、外國人人數統計，故無法判斷該時期不同種族人口統計，該時期以--作表示。

附錄 4-1　祝日月潭電力起工紀念聯合廣告——店家一覽表

	地區	廣告刊登者	備註
		埔里	
1	埔里郡役所前	カフエー立鷹	西洋料理
2	埔里郡役所前	埔里貸切自動車商會	自動車
3	埔里郡役所前	泉成醫院	醫院
4	埔里局鄰	大島寫眞館	照相館
5	埔里局前	池田齒科醫院	齒科專門
6	埔里局路	富江傳六助	五金行
7	埔里市場路	旭日商會	食料品商
8	埔里市場路	勝久醫院	醫院
9	埔里西門路	朝鮮亭	料理
10	日月館前	胡蝶カフエ	和洋料理
11	埔里臺車發著所鄰	四倉多吉商店	雜貨商
12	埔里能高寺前	田城福太郎	鳥獸類剝製、蝶蛇類標本、蛇皮加工品
13	埔里魚池市場	いろは	牛肉商
14	埔里	原吳服店	洋服
15	埔里	岩田洋服店	洋品雜貨
16	埔里	マルエキ本店	日用雜貨、洋雜貨
17	埔里	學成商店	日用雜貨
18	埔里	土木建築請負業	請負業
19	埔里	林春榮材木商行	木材商
20	埔里	日月館	旅館
21	埔里	埔里社館	旅館
22	埔里	能高ホテル	旅館飲食
23	埔里	喜樂	料理
24	埔里	相思園	料理
25	埔里	日新屋	料理
26	埔里	笹卷	料理
27	埔里	簡易食堂滋養亭	飲食

28	埔里	清風軒	菓子店
29	埔里	謝日記商店	海產物商
30	埔里	王振興號	醬油漬物製造販賣
31	埔里	私立埔里醫院	醫院
32	埔里	存德醫院	醫院
33	埔里	國華齒科醫院	齒科醫院
34	埔里	佐藤接骨院	接骨院
35	埔里	埔里二高自動車商會	埔里—魚池間貸切、乘合、貨物自動車
36	埔里	能高自動車商會	貸切貨物，東埔、武界、過坑、小埔社、國姓方面乘合
37	埔里	石渡彌之助	埔里文房具、時計商
38	埔里	精敞社印刷所	文具印刷
39	埔里	日進社活版所	印刷、文具、時計
40	埔里	山下書籍店	帝國生命保險代理店、諸新聞雜誌書籍類
41	埔里	臺灣製糖株式會社	製糖會社
42	埔里	彰化銀行埔里支店	銀行
43	埔里	埔里信用組合	信用組合
44	埔里	國際通運株式會社埔里出張所	運輸業
45	埔里	埔里洗布所	洗衣店
46	埔里	泉興商店	
47	埔里	平和館	
48	埔里	吉岡雜貨店	
49	埔里	清水館	
50	埔里	泉興號	
51	埔里	東源糸店	毛線手工用品
52	埔里	澤田藥店	
53	埔里	神戶館	
54	埔里	林勝興米店	
55	埔里	梁成美商店	
魚池			

1	魚池日月潭	勝景會館	旅館
2	水社日月潭	涵碧樓	旅館
3	魚池	魚池館	旅館
4	魚池	福和館	旅館
5	魚池	日進館	旅館
6	魚池	中村運送部	運送店
7	魚池	王運送店	運送店
8	魚池	日運送店	運送店
9	魚池	木運送店出張所	運送店
10	魚池	弘園閣魚池支店	料理旅館
11	魚池	日月亭	料理
12	魚池	朝鮮樓	料理
13	魚池	松月	料理
14	魚池	醉樂樓	料理
15	魚池	カフエー朝日	和洋料理
16	魚池	カフエー富士	和洋料理
17	魚池	カフエー久の家	和洋料理
18	魚池	カフエー二高	和洋料理
19	魚池	大眾食堂	臺灣料理
20	魚池	日興飲食店	臺灣料理
21	司馬按會社前	電力會社酒保	飲食
22	魚池	易魚池支店	飲食
23	魚池	司馬按簡易食堂	飲食
24	魚池	淺野商店	時計樂器修繕
25	魚池	スター寫眞館	照相館
26	魚池	大和醫院	公醫
27	魚池	名見醫院	醫院
28	魚池	新高堂	和洋菓子
29	魚池	みよしの餅	魚池名物
30	魚池	日星商店	日用和洋雜貨
31	魚池	金田商店	吳服雜貨
32	魚池	永田商店出張所	土木建築用木材金物販賣業

		外車埕	
1	外車埕站前	一力亭	料理
2	外車埕站前	運送部 榮 保坂組	運送店
3	外車埕站前	合同運送店	運送店
4	外車埕	相野材木店外車埕支店	木材店
5	外車埕	南商會	日用和洋雜貨
		水裡坑	
1	水裡坑站前	日月潭自動車商會	乘合貨物/貸自動車
2	水裡坑站前	永睿旅館	旅館
3	水裡坑站前	松家旅館待合所	旅館
4	水裡坑站前	わえき和食堂	飲食店
5	水裡坑站前	通 通運新高運送部	運送店
6	水裡坑站前	木 同光運送店	運送店
7	水裡坑站前	富 富永運輸部	運送店
8	水裡坑站前	正 穎川運送店	運送店
9	水裡坑	新 益生運送店	運送店
10	水裡坑	臺灣運輸株式會社水裡坑出張所	運送店
11	水裡坑	阿 慶成運送店	運送店
12	水裡坑	朝鮮樓	料理
13	水裡坑	張文雅齒科專門	牙科
14	水裡坑	泉源商店	日用雜貨
15	水裡坑	中和旅館	旅館
16	水裡坑	東亞旅館	旅館
17	水裡坑	新高洋服店	洋服店
18	水裡坑	金盈珍金銀店	銀樓
19	水裡坑	興發精米所	精米業
20	水裡坑	莊振美精米所	精米業
21	水裡坑	富源精米所	精米業
22	水裡坑	光明醫院	醫院
23	水裡坑	仁生醫院	醫院
24	水裡坑	榮生堂西藥房	西藥房

25	水裡坑	大倉土木株式會社作業所火藥係	土木
26	水裡坑	秋田木材株式會社	木材會社
27	水裡坑	和興商店	合資會社
28	水裡坑	臺中青果同業組合	
29	水裡坑	新世界	
30	水裡坑	信金商店	
31	水裡坑	順成商店	
		集集	
1	集集	廣末	料理
2	集集	米增商店	吳服雜貨食料一切
3	集集	山本商店	酒類雜貨
4	集集	陳長源商店	酒類雜貨
5	集集	金源興商店	日用雜貨土木請負
6	集集	松尾庽之助	日用雜貨藥種文具商
7	集集	西海常太郎／林昌	土木請負酒類精米業
8	集集	蘇信	精米業
9	集集	幸生醫院	醫院
		臺中	
1	臺中	太陽亭	和洋料理
2	臺中市郵便局裏路	石津醫院	婦產科醫院
3	臺中測候所前	蛇の目	
4	臺中市臺中座前	高砂ビヤホール	啤酒屋
5	臺中站前	大黑家旅館	
6	臺中站前	新高商行	金庫特約店
7	臺中市寶町	臺灣出張所	靴鞄
8	臺中市錦町	棚邊商店	文具書籍運動用品
9	臺中市錦町	トヨシマ寫眞館	照相館
10	臺中市錦町	尚文堂印刷所	印刷文具
11	臺中市綠町	高須活版所	印刷
12	臺中市楠町	現長	料理
13	臺中市壽町	川上知聲堂	留聲機

14	臺中市榮町	傍士商店	文具印刷
15	臺中市新盛橋	高橋店糸店	毛線手工用品
16	臺中市新盛橋	菊地印刷所	印刷
17	臺中市	赤尾時計店	貴金屬眼鏡
18	臺中市	日光社	美術印刷
19	臺中市	千代時計店	鐘錶店
20	臺中市	中央書局	書局
21	臺中市	中惣	料理
22	臺中市	樂翠園茶舖	茶舖
23	臺中市	南好文堂	印刷業
24	臺中市	合資會社三共社	
25	臺中市	貴田商店	和洋雜貨
26	臺中市	富貴亭	料理
27	臺中市	吉備商會	
28	臺中市	手島洋服店	洋服店
29	臺中市	金山金物店	五金行
30	臺中市	金枝金物店	五金行
31	臺中市	白鳩堂	紙專賣店
32	臺中市大正町	田中藥局	藥局
33	臺中市綠川町	名取屋商店	化妝品理髮器
34	臺中市綠川町	河村商會	文具雜貨
35	臺中市初音町	東京庵	丼物冰類
36	臺中市初音町	常盤樓	料理
37	臺中市初音町	朝鮮樓	料理
38	臺中市初音町	大正樓	料理
39	臺中市初音町	浪花樓	料理
40	臺中市初音町	八千代樓	料理
41	臺中市初音町	富士見樓	料理
42	臺中市初音町	小泉樓	料理
43	臺中市初音町	吾妻樓	料理

資料來源：T1023-0009，〈祝日月潭電力起工紀念聯合廣告〉，郭双富度藏，中研院臺史所檔案館，2017s 年 5 月 1 日瀏覽。

附錄 4-2　集集線鐵道載客運量表　　　　　（1927 年～1941 年）

	鼻子頭		濁水		隘寮		集集		水裡坑		外車埕	
	乘車	下車	乘車	下車	乘車	下車	乘車	下車	乘車	下車	乘車	下車
1927 年	13,234	13,954	40,251	40,019	14,416	12,917	86,345	88,443	72,757	71,728	31,320	33,385
1928 年	52,373	49,644	49,708	50,908	17,925	16,313	102,558	103,757	92,034	91,704	39,300	40,837
1929 年	17,432	17,483	58,647	58,868	18,508	16,749	111,107	111,781	111,762	112,220	54,337	56,431
1930 年	15,487	15,034	55,739	53,475	13,150	13,064	97,956	97,826	103,521	105,383	43,899	46,144
1931 年	13,849	14,153	53,873	52,140	16,697	16,177	101,946	101,225	112,831	112,417	56,660	63,820
1932 年	15,134	16,011	57,474	56,639	16,151	15,917	102,268	101,838	123,232	125,001	53,307	55,925
1933 年	16,564	16,691	70,336	69,231	15,638	15,531	107,235	108,765	143,965	143,469	54,953	54,213
1934 年	15,946	14,984	66,606	66,185	18,769	18,853	105,314	104,991	137,726	148,358	57,735	47,993
1935 年	13,785	10,841	62,788	60,898	20,942	19,369	92,101	93,314	110,428	121,415	44,917	41,584
1936 年	11,183	9,224	57,637	58,389	18,274	15,919	96,249	95,483	156,973	163,330	84,593	85,953
1937 年	13,341	10,290	52,022	54,042	20,326	17,555	98,530	97,909	146,009	151,931	67,951	65,109
1938 年	19,928	18,110	67,094	69,740	26,652	25,875	122,073	119,864	150,683	156,783	46,695	43,753
1939 年	27,353	22,856	84,831	88,445	34,620	34,994	158,443	155,179	190,230	201,590	59,304	57,275
1940 年	--	--	--	--	--	--	--	--	--	--	--	--

資料來源：臺灣總督府鐵道部，《臺灣總督府鐵道部年報・統計表》（1927～1937）。臺灣總督府交通局鐵道部，《臺灣總督府交通局鐵道部昭和十三年度・統計表》（1939）。臺灣總督府交通局鐵道部，《臺灣總督府交通局鐵道部昭和十四年度年報・統計表》（1940）。臺灣總督府交通局鐵道部，《臺灣總督府交通局鐵道部昭和十六年度・統計表》（1942）。

說明：1940 年無鐵道部統計資料，-- 表數字不詳。

參考書目

一、史料

1. 《臺灣總督府鐵道部年報》
2. 《臺灣鐵道旅行案內》
3. 《臺灣日日新報》
4. 《臺灣新民報》
5. 《臺灣電力株式會社社報》
6. 山田京三郎，1928《臺灣海陸交通運輸便覽》，臺中市：海陸運新聞社臺灣支局。
7. 大橋捨三郎，1922《新高登山》，出版地不詳：出版單位不詳。
8. 今井昌治，1938《臺中州青果同業組合》，臺中：臺中州青果同業組合。
9. 内藤素生，1922《南國之人士》，臺北：臺灣人物社。
10. 竹本伊一郎，1931《臺灣株式年鑑》，臺北市：臺灣經濟研究會。
11. 平田榮太郎，1933《臺灣電力日月潭工事 紀念寫真帖》，臺中：臺南新報埔里支局。
12. 伊能嘉矩，1900《臺灣蕃人事情》，臺北：臺灣總督府民政部文書課。
13. 伊能嘉矩，1905《臺灣巡撫トッテノ劉銘傳》，臺北：新高堂書店。
14. 羽生國彦，1941《臺灣小運送業發達史》，臺北：臺灣交通協會。
15. 作者不詳，1937《既住ノ蕃社集團移住狀況調》，出版不詳。
16. 周鍾瑄，2005《諸羅縣志》，臺北市：文建會。
17. 周璽，1993《彰化縣志》，南投：臺灣省文獻委員會。
18. 南投廳，1917《南投廳統計一覽》，南投：南投廳。
19. 姚瑩，1996《東槎紀略》，南投市：省文獻委員會。

20. 能高郡役所，1985《能高郡管內概況》（昭和 10 年（1935）版），臺北市：成文。

21. 能高郡役所，1985《能高郡管內概況》（昭和 11 年（1936）版），臺北市：成文。

22. 能高郡役所，1985《能高郡管內概況》（昭和 14 年（1939）版），臺北市：成文。

23. 荒卯三郎，1930《新案荒式架空索道搬運法（運材法）》，臺北：荒卯三郎。

24. 渡部慶之進，1939《臺灣鐵道讀本》，東京市：春秋社。

25. 新高郡役所，1985《新高郡管內概況》（昭和 7、14（1932、1936）合編版），臺北市：成文。

26. 臺灣電力株式會社，1919～1945《營業報告書》，臺灣電力株式會社。

27. 臺灣電力株式會社，1926《日月潭水力電氣工事計畫概要》，臺北：臺灣電力株式會社。

28. 臺灣電力株式會社，1929《日月潭水力電氣工事計畫概要》，臺北：臺灣電力株式會社。

29. 臺灣電力株式會社，1934《日月潭工事寫眞》，臺北：臺灣電力株式會社，1934。

30. 臺灣電力株式會社，1934《日月潭發電事業ノ大要》，臺灣電力株式會社。

31. 臺灣電力株式會社，1935《日月潭水力電氣工事誌》，臺北：臺灣電力株式會社。

32. 臺灣電力株式會社，1939《臺灣電力の展望》，臺灣電力株式會社。

33. 臺灣電力株式會社企劃部，1938《臺灣電力株式會社社業現況》。

34. 臺灣實業界社，1940《臺灣電力讀本》，臺北：臺灣實業社。

35. 臺灣銀行經濟研究室，1997《劉銘傳撫臺前後檔案》，南投市：省文獻委員會。

36. 臺灣總督府土木局，1919《臺灣電力株式會社設立參考書》，臺北：臺灣總督府土木局。

37. 臺灣總督府交通局，1935《電氣事業要覽第 12～14 回》，臺北：臺灣電氣協會。

38. 臺灣總督府交通局，1936《電氣事業要覽》，臺北市：臺灣電氣協會。

39. 臺灣總督府交通局，1938～1939《電氣事業要覽第 15～16 回》，臺北：臺灣電氣協會。

40. 臺灣總督府專賣局，1934《臺灣の專賣事業 昭和九年》，臺北：臺灣總

督府專賣局。

41. 臺灣總督府專賣局，1938《專賣事業第三十六年 昭和十二年度》，臺北：臺灣總督府專賣局。

42. 臺灣總督府史料編纂委員會，1924《臺灣樟腦專賣志》，出版地不詳：臺灣總督府史料編纂委員會。

43. 臺灣製腦株式會社，1920《第一回營業報告書》，臺灣製腦株式會社。

44. 臺中州青果同業組合，1938《二十年史》，臺中市：臺中州青果同業組合。

45. 臺中州役所，1985《臺中州要覽 昭和二年》，臺北：成文。

46. 臺中州役所，1985《臺中州要覽 昭和六年》，臺北：成文。

47. 興南新聞社，1943《臺灣人士鑑》，臺北市：興南新聞社。

48. 鄧傳安，1958《蠡測彙鈔》，臺北市：臺灣銀行。

49. 藍鼎元，1997《東征集》，南投市：省文獻委員會。

50. 藤崎濟之助，1937《臺灣電力株式會社沿革史》，臺北：臺灣電力株式會社。

二、專書

1. 尹志宗，2007《水里鄉志》，南投縣水里鄉：水里鄉公所。

2. 甘為霖（Campbell William），2009《素描福爾摩沙：甘為霖臺灣筆記》，臺北市：前衛。

3. 朱江淮，2003《朱江淮回憶錄：臺籍第一位電氣工程師》，臺北市：朱江淮基金會。

4. 朱文明，2011《戀戀青山憶大觀 臺灣大觀分校百年校友會紀念冊》，南投：臺灣電力公司大觀分校校友會。

5. 佐藤春夫著、邱若山譯，2002《佐藤春夫：殖民地之旅》，臺北市：草根。

6. 沈明仁，2008《仁愛鄉志》，南投縣仁愛鄉：仁愛鄉公所。

7. 近藤勇著、于景讓譯，1960《臺灣之伐木工程》，臺北：臺灣銀行經濟研究室。

8. 林滿紅，1997《茶、糖、樟腦業與臺灣之社為經濟變遷（1860～1895）》，臺北：聯經出版事業股份有限公司。

9. 林文龍，1988《中部開發史》，臺北市：常民文化。

10. 林炳炎，1997《臺灣電力株式會社發展史》，臺北：林炳炎。

11. 林蘭芳，2011《工業化的推手：日治時期臺灣的電力事業》，臺北市：政大歷史系。

12. 林玫君，2012《玉山史話》，南投：玉山國家公園。

13. 邱政略，2016《日治時期埔里的殖民統治與地方發展（上）》，新北市：花木蘭出版社。

14. 芹田騎郎著、張良澤譯，2000《由加利樹林裏：終戰前後一位日公醫親身體驗的原住民生活記錄畫冊&小說》，臺北市：前衛。

15. 周宗賢總編纂，2002《二水鄉志》，彰化：彰縣二水鄉公所。

16. 堀見末子，1990《堀見末子土木技師：臺灣土木の功勞者》，東京：堀見愛子。

17. 張永楨，1998《集集鎮志》，南投縣集集鎮：投縣集集鎮公所。

18. 張素玢，2010《臺灣全志卷二 土地志・勝蹟篇》，南投市：國史館臺灣文獻館。

19. 張維斌，2015《空襲福爾摩沙：二戰盟軍飛機攻擊臺灣紀實》，臺北市：前衛。

20. 張連桂、沈揮勝，2002《明潭憶舊》，南投：日月潭風景區管理處。

21. 張麗俊著，許雪姬、洪秋芬編纂解說，2000《水竹居主人日記（第九冊）》，臺北：中央研究院近代史研究所。

22. 陳俊傑，2002《南投縣集集線鐵道興衰調查》，南投市：南投縣政府文化局。

23. 陳奇祿，1958《日月潭邵族調查報告》，臺北市：南天。

24. 魚池鄉公所，2001《魚池鄉誌》，南投縣魚池鄉：魚池鄉公所。

25. 莊世滋，2015《戀戀丹巒：南投林業印記》，臺北市：農委會林務局。

26. 費德廉（Fix,Douglas Lane）、羅效德（Lo,Charlotte），2006《看見十九世紀臺灣：十四位西方旅行者的福爾摩沙故事》，臺北市：如果。

27. 黃耀能、陳哲三，2010《南投縣志卷四 經濟志・交通篇》，南投市：南投縣文化局。

28. 黃永傳，1949《臺灣之香蕉 臺灣特產叢刊第四種》，臺北市：臺灣銀行金融研究室。

29. 楊秉煌、葉學文、謝凱旋，2010《南投縣志 卷一 自然志 地理篇》南投：南投縣文化局。

30. 楊選堂，1958《臺灣特產叢刊第十種 臺灣之樟腦》，臺北：臺灣銀行。

31. 廖秋娥，1996《臺灣地名辭書》，南投市：省文獻會。

32. 臺灣省政府新聞處編，1986〈第十四章能源及電力開發〉，《臺灣光復四十年專輯》，臺中：臺灣省政府新聞處。

33. 臺灣電力公司，1988《臺灣電力創業百週年》，臺北：臺灣電力公司。

34. 臺灣電力公司大觀發電廠廠長謝鵬洲，2014《大觀發電廠 80 週年慶特

刊》，南投：臺灣電力公司大觀發電廠。

35. 臺灣銀行經濟研究室，1952《臺灣電力問題》，臺北市：臺灣銀行。

36. 臺灣銀行經濟研究室，1960《臺灣之伐木工程》，臺北市：臺灣銀行。

37. 劉枝萬，1983《南投縣志稿》，臺北：成文。

38. 鄧相揚，2002《臺灣的心臟》，南投縣：觀光局日月潭國家風景區管理處編印。

39. 鄧相揚，2000《臺灣原住民史 邵族史篇》，南投市：臺灣省文獻委員會。

40. 鄧相揚，2000《邵族風采》，南投：交通部觀光局日月潭國家風景區管理處。

41. 鄭安晞，2000《臺灣最後秘境：清代關門古道》，臺中市：晨星發行。

42. 羅美娥、施添福，2001《臺灣地名辭書 卷十 南投縣》，南投，臺灣省文獻委員會。

43. 戴寶村，2009《樟腦、鴉片與專賣制度產業文化展示資料調查》，臺北：臺灣博物館。

44. 戴寶村，2009《世界第一‧臺灣樟腦》，臺北市：臺灣博物館。

三、期刊/研討會論文

1. H.B Morse，1957〈1882～1891 臺灣淡水海關報告書〉，《臺灣銀行季刊》9：1。

2. 王珊珊，2007〈日治時代小運送業與臺灣倉庫株式會社〉，《臺灣風物》57：1，頁 126～127。

3. 朱瑞墉，2006〈日月潭與周邊的好鄰居：大觀、明潭、水里發電廠〉，《源》55，頁 38～47。

4. 何鳳嬌，2013〈赤司初太郎在臺灣的樟腦經營〉，《臺灣學研究》16，頁 2～39。

5. 吳政憲，1996〈日據時期臺灣的電力建設（1895～1945）〉，《臺灣風物》46：3，頁 219～254。

6. 吳政憲，2003〈臺灣電力株式會社（1919～1944）──組織結構與人事（上）〉，《臺灣風物》53：4，頁 21～72。

7. 林蘭芳，2003〈日治末期臺灣電力事業一元化（1940～1944）──臺灣電力株式會社合併東西部民營電力事業〉，《臺灣風物》53：4，頁 73～118。

8. 柯文德、盧承宗，1952〈日治時代臺灣之電業〉，《臺灣銀行季刊》5：1，頁 196～242。

9. 張永楨，2007〈「水沙連」釋義新探——以古文書和文獻互相印證〉，《臺灣古文書與歷史研究學術研討會論文集》臺中：逢甲大學歷史與文物管理研究所，頁 1～21。

10. 張立宇，2009〈戀戀濁水溪的電力〉，《臺電月刊》，564，頁 6～15。

11. 梁佳美、賴光邦，2004〈日治時期臺灣製鹽工廠社區制度的建立——以布袋鹽場為例〉，《設計學報》9：3，頁 19～24。

12. 陳計堯，2001〈試論日月潭地區原住民的歷史遷移〉，《臺灣史研究》7：1，頁 81～134。

13. 陳哲三，1998〈「水沙連」及其相關問題之研究〉，《臺灣文獻》49：2，頁 35～69。

14. 陳哲三，1998〈水沙連及其相關問題之研究〉，《臺灣文獻》49：2，頁 35～69。

15. 黃輝，1952〈臺灣之電業〉，《臺灣銀行季刊》5：1，頁 1～24。

16. 臺灣協會，1920〈臺灣の電氣事業〉，《臺灣協會會報》51，頁 43

17. 鄭金龍，2016〈臺灣電業百年淬鍊〉，《臺電月刊》640，頁 6～21。

18. 謝國興，2004〈日治時期臺灣的路上交通運輸〉，《臺灣殖民地史學術研討會論文集》臺北：海峽學術，頁 19～52。

19. 簡史朗，2006〈水沙連族群開發〉，發表於吳三連臺灣史料基金會主辦、臺灣歷史學會協辦「第六屆新臺灣史研習營——相逢水沙連：族群關係與歷史研討會」，南投：南投縣埔里鎮鯉魚潭謝緯紀念青年園地。

20. 蘇菲，2015〈雲的故鄉——南投法治村舊武界引水隧道的故事〉，《源雜誌》，111，頁 4～11。

四、學位論文

1. 王麗夙，2004〈日治時期臺灣電力之研究〉，桃園：中原大學建築研究所碩士論文。

2. 石森櫻，2004〈市地重劃對於傳統祭祀空間的衝擊——以日月潭邵族聚落為例〉，臺北：淡江大學建築學系碩士論文。

3. 吳政憲，1998〈日治時期臺灣的電燈發展（1985～1949）〉，臺北：國立臺灣師範大學歷史研究所碩士論文。

4. 吳政憲，2003〈新能源時代：盡待臺灣電力發展〉，臺北：國力臺灣師範大學歷史研究所博士論文。

5. 林俐均，2007〈日本統治時期日月潭的開發〉，臺北：中國文化大學日本研究所碩士論文。

6. 林雅楓，2010〈日月潭地區歷史變遷與觀光發展之研究〉，彰化：國立

彰化師範大學歷史學研究所碩士論文。

7. 林蘭芳，2003〈工業化的推手——日治時期的電力事業〉，臺北：國立政治大學歷史研究所博士論文。

8. 邱正略，2009〈日治時期埔里的殖民統治與地方發展〉，南投：國立暨南國際大學歷史學系博士論文。

9. 張永楨，2007〈清代濁水溪中游的開發〉，臺南：國立成功大學歷史學系博士論文。

10. 張婉菁，2003〈水裡坑林業地景與生活空間之社會建構〉，嘉義：南華大學槐敬與藝術研究所碩士論文。

11. 郭俊蔚，2010〈戰後初期臺灣電力事業之研究（1945～1949）〉，臺中：東海大學歷史研究所碩士論文。

12. 陳妙如，2016〈臺灣古典詩中的八通關與水沙連書寫研究〉，彰化：國立彰化師範大學國文系碩士論文。

13. 陳秀靜，2012〈清領與日治時期日月潭古典散文研究——從發現到旅行〉，臺中：國立中興大學臺灣文學與跨國文化研究所碩士論文。

14. 陳佩琪，2000〈日治時期臺灣新式製糖工廠空間之研究〉，臺南：國立成功大學建築研究所碩士論文。

15. 游鈞彥，2015〈大水沙連地區的文學地景與族群顯影——日治時期臺灣古典詩中的日月潭、埔里與霧社書寫〉，臺中：國立中興大學臺灣文學與跨國文化研究所碩士論文。

16. 楊騏駿，2012〈日治時期臺灣樟腦業的發展——以產銷爲中心的觀察（1860～1895）〉，臺北：國立臺北大學歷史學系碩士論文。

17. 葉純惠，2006〈領臺期間日月潭水力發電建設工程——以鹿島組爲中心〉，臺北：淡江大學日本研究所碩士在職專班碩士論文。

18. 蔡龍保，2001〈日治中期臺灣國有鐵路之研究（1910～1936）〉，臺北：國立臺灣師範大學歷史系碩士論文。

19. 鄭安晞，2010〈日治時期蕃地隘勇線的推進與變遷〉，臺北：國立政治大學民族研究所博士論文。

20. 簡史朗，2007〈做蕃抑是做人——邵族的祭祀體系與民族邊界〉臺北：國立政治大學民族研究所碩士論文。

21. 簡佑丞，2008〈日治時期臺灣土木工程建設事業發展歷程之研究〉桃園：中原大學文化資產研究所碩士論文。

22. 藍文瑩，2015〈集集與水里市街中地地位的消長——從位置與產業變遷的解釋〉高雄：國立高雄師範大學地理學系碩士論文。

五、電子資料庫

1. 中央研究院臺灣史研究所臺灣史檔案資源系統「六然典藏史料（楊肇嘉文書）」
2. 中央研究院地理資訊科學研究專題中心「臺灣百年歷史地圖」
3. 國立臺灣圖書館「日治時期圖書影像系統」
4. 國立臺灣圖書館「日治時期期刊影像系統」
5. 國立臺灣圖書館「臺灣政經資料庫」
6. 國立臺灣文獻館「臺灣總督府府（官）報資料庫」
7. 漢珍「臺灣日日新報資料庫」

六、訪問紀錄

訪談人	擔任職務或稱呼	訪談時間	訪談地點
＊劉健壽（1946）	臺灣電力公司退休課長	2016.11.23	新店區公所
＊劉健英（1929）	水里鄉車埕村地方耆老	2017.01.04	劉宅
劉范阿英（1930）	水里鄉車埕村地方耆老	2017.01.04	劉宅
＊賴建成（1950）	魚池鄉大林村村長	2017.01.21	賴宅
＊莊清順（1914）	魚池鄉東光村地方耆老	2017.01.23	魚池鄉東光村社區活動中心集會所
施本	魚池鄉東光村地方耆老	2017.01.23	魚池鄉東光村社區活動中心集會所
陳富雄（1944）	臺灣電力公司退休人員	2017.02.02	陳宅
曾玉雲（1946）	臺灣電力公司員工	2017.02.02	陳宅
＊白潔（1944）	前日月潭漁會總幹事	2017.02.05	白宅
＊黃新聯（1930）	田中砂崙地方耆老	2017.02.06	黃宅
黃學監（1947）	水里鄉民和村第 4 鄰鄰長	2017.02.06	黃宅
＊黃文章（1922）	拔社埔（水里鄉民和村）地方耆老	2017.02.07	黃宅
＊陳其祥（1921）	拔社埔（水里鄉民和村）地方耆老	2017.02.07	陳宅
陳大哥	埔里鎮圖書館館員	2017.02.08	埔里鎮圖書館 4 樓埔里文庫
＊黃隆盛（1947）	臺灣電力公司退休經理	2017.03.10	電話訪談
＊林志玄（1947）	臺灣電力公司退休人員	2017.04.11	林宅

＊表示其口述資料引註於內文之中